保育ドキュメンテーションの作り方

役立つ！ 活きる！

の作り方

大豆生田啓友・岩田恵子

西東社

ドキュメンテーションを日々の保育に

大豆生田啓友　岩田恵子

保育ドキュメンテーションとは何か

　いま、多くの園でドキュメンテーションを活用し始めています。ドキュメンテーションとは、簡単に言えば「写真つき記録」のことで、イタリアのレッジョエミリア市で生まれた記録の手法です。写真つき記録は、ポートフォリオ、ニュージーランドの実践を参照したラーニングストーリーなど、さまざまな名称でわが国に広がっていますが、ここでは最も一般化しているドキュメンテーションという言葉を用います。その特徴は、子どもの姿や環境などの保育場面を写真を用いて記された記録だということです。そこでは、子どもの姿や学びのプロセスを記録し、可視化することが大きな特徴と言えます。そして、この記録を通して、多様な対話を生み出すことで、保育の質を高めていくことに大きな特徴があるのです。

保育ドキュメンテーションの最大のメリット

　ドキュメンテーションの最大のメリットは、記録を通して豊かな対話を生み出していく点にあります。写真等を活用しているため、具体的なイメージ

を持って子どもの育ちや姿を理解しやすくなります。その対話の第一は、記録を書く自身との対話です。子どもの姿を振り返る際、今日の印象的だった子どもの姿の写真を通して振り返り記録を書くので、具体的な場面を想起しやすくなるということがあります。それは日々の振り返りだけではなく、月や期など遊びの変化や個々の子どものある期間の成長を振り返る際も有効です。

保育の質を高めるための対話が生まれる

　保育の質を高めるためには、自分一人だけの見方だけではなく、他者との対話が重要になります。限られた時間の中で同僚との対話を行う際も、写真があることで、文字だけの情報よりもより共有がしやすくなります。写真を一緒に見ながら、指さしながら、それぞれの見方や情報を具体的に語りやすくなるのです。毎日のちょっとした振り返り場面に加え、週案や月案会議、あるいは園内研修などでも写真があることで、この対話は豊かになっていきます。

子どもも自分の活動を振り返り、味わう

　写真記録を保育室の壁面に貼っておくなどによって、子どもが自分たちの活動を振り返ったり自分たちの活動を味わい直したりする場にもなります。ほかの子たちがしていた活動から刺激を受けたり、保育者や子ども同士の対話となり、次の活動のために参照したりするなどにも活用できます。つまり、子どもの対話、あるいは子どもとの対話のツールにもなりえるのです。これまで作っていたかわいい壁面より、子どもの学びと活動のつながりに広がることが実感できます。

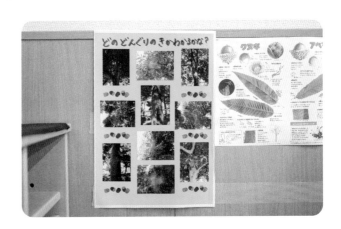

対話から生まれる保護者の理解や協力

　次が保護者との対話です。これまで、ドキュメンテーションは保護者への写真付きおたよりのように誤解されてきたことがありましたが、それは一面に過ぎません。子どもが夢中になっている遊びや育ちのプロセスを保育者がワクワクしながら書いた記録を保護者にも発信することで、保護者にもよりよく伝わるのです。子どもの姿を

通した具体的な育ちや学びのワクワクが保護者に伝わる時、一方向的な発信ではなく、保護者との双方向の豊かな対話が生まれ、園生活への理解が深まり、協力的な関係性が生まれます。

ICT化による省力化の可能性

ドキュメンテーションをICT化することで、省力化につなげられる可能性もあります。それは、保育の現場での書類仕事が先生方の疲弊や質の低下を招いているあり方を変化させる可能性があるからです。ICT化することで、

毎日のドキュメンテーションが日々の記録の日誌となり、連絡帳や個人記録ともつながったり、次の計画や要録の資料にもなります。今後、ますますその可能性が広がると思われます。

この本では、ドキュメンテーションの具体的な作り方はもちろん、ドキュメンテーションを保育に活かし、保育の質を高める方法を、具体例を交えながら紹介しています。はじめは難しく感じるかもしれませんが、毎日子どもの姿を記録し、経験を積み重ねていくことで、自らの保育の質を高めることに役立つものとなるはずです。この本とともに、ドキュメンテーション作りを始めてみましょう。

もくじ

保育ドキュメンテーションについて

保育現場における「ドキュメンテーション」という言葉は、イタリアのレッジョ・エミリアにおける保育実践から生み出されたものです。レッジョ・エミリアでは、ドキュメンテーションは、子どものすばらしい学びの姿を記録することから始まり、日々の活動を探求していくためのツールとして使われています。また、子どもの育ちや学びについて語り合うために欠かせない道具にもなっています。

日本の保育現場では、ドキュメンテーションは、保護者に向けたお知らせや報告としての要素が強い現状も多く、本来の目的とは趣旨が離れている部分もあります。

この本では写真を使った記録を「保育ドキュメンテーション」として取り上げました。本書における保育ドキュメンテーションは、大豆生田啓友・おおえだけいこ著『日本版保育ドキュメンテーションのすすめ』(小学館)において使用している意味と同じで、その魅力や利点をはじめ、作り方や使い方を3つの章にわけて紹介しています。序章ではドキュメンテーションがどのようなものかを取り上げ、1章では作り方の実践、2章では完成したドキュメンテーションをどのように日々の保育へ活かしていくか、ドキュメンテーションをどのように応用していくかをまとめています。

この本の構成と各章の役割

保育ドキュメンテーションの解説になります。ここを読むと基本的なことがわかります。

作り方の実践を4つのステップで紹介しています。写真の撮り方からタイトルやエピソードの書き方なども詳しく説明。実際の例もたくさん掲載しており、ドキュメンテーション作りのヒントが詰まっています。

完成したドキュメンテーションを日々の保育へ活かす方法や、ドキュメンテーションの応用の仕方を紹介しています。作って終わりではない、保育の質が向上する活用術を参考にしてください。

・本書の内容は、2023年1月10日時点での情報に基づいています。
・園児・職員などの写真や個人名については、すべて確認、許諾をいただいたうえで掲載しています。
・本書の内容を撮影するなどして、許可なくSNSにアップすることをかたく禁じます。

序章

保育ドキュメンテーションの
本質と魅力

保育ドキュメンテーションって どんなもの??

保育ドキュメンテーションは、 心が動いたことを伝える写真つきの記録

1 保育ドキュメンテーションを とても簡単にいうと、 写真つきの記録です

2 保育者が見つけた、子どもが 熱中している魅力的なこと、保育者 自身の心が動いたできごとをまとめ、 周囲に伝えるときに役立ちます

 心を動かされたことを写真と一緒に紹介することが基本です! それ以外に決まったルールはないですよ

ご自身が「おもしろいな」「素敵だな」と感じたできごとを、 写真の力も借りて伝えることからはじめてみましょう! 子ども自身の「つぶやき」も入れてみるとよいですね

この本を手にしたみなさんは、保育ドキュメンテーションに興味があり、
「具体的にどんなふうに作るの？」「作ることでどんな効果があるの？」と
いうことを知りたい方だと思います。
まずここでは保育ドキュメンテーションの4つの本質を見ていきます。

3 写真を使うことで、子どもの
さまざまな表現、子どもが考えて
いること、感じていることに気づき、
子どもの育ちや学びが見えてきます

4 周囲の人と共に
子どもが感じている世界に
共感しやすくなります

子どもの
世界

ここだけおさえよう！ 保育ドキュメンテーションの基本

● 文章だけでなく、写真がついている記録である

● 保育者の心が動いた子どもの姿がまとめてある

● 周りの人と子どものことを考え、
　共感できるアイテムである

保育ドキュメンテーションを作ると こんなにいいことがある!

いいこと **1**

子どもの魅力に
気づきやすくなり、
ほかの職員や
保護者と共有できる

いいこと **2**

ほかの職員や保護者、
子どもたちとの対話が
広がるきっかけになる

前ページでドキュメンテーションが"心が動いたことを伝える写真つきの記録"ということ紹介しました。では、"文章＋写真の記録"という形式で作る保育ドキュメンテーションには、どんな利点や効果があるのでしょう。保育ドキュメンテーションを作ると、じつはこんなにいいことがあります。

いいこと3

自分自身や
保育者間での
振り返りにつながる

いいこと4

保育について
考えるきっかけになり、
保育の質がアップする

保育ドキュメンテーションは保育者が子どもの魅力を見つけ、周囲の人にそれを伝えることで対話が生まれ、自分自身や保育者間での振り返りにつながる役割を持っています。これを長い目で見ていくと保育の質のアップにも結びつきます。

次のページからさらにこの4つのいいことを具体的に見ていきましょう。

作り続けていくにつれ、徐々にこれらがわかってきます！
難しく考えないで、まずは作ってみましょう

いいこと**1**

子どもの魅力を捉え、共有できる

百聞は一見に如かず、
魅力を写真で見せよう!

　保育ドキュメンテーションは、心が動いたことを伝える写真つきの記録です。写真があることで、言葉だけの記録よりも子どもの魅力的な姿がひと目でわかります。例えば、子どもが夢中で砂遊びをしていたとします。その様子を紙などにまとめ、目に見える形で伝えるときに「一生懸命砂遊びをしていました」と言葉で書くと、読み手は「砂遊びをしていたのね」と表面的にとらえておしまいかもしれません。

　もっと子どもが感じていたことを生き生きと伝えたいと思った場合、書き手は「時間を忘れてずっと続けていました」などと言葉を補うことはできます。しかし、読み手がそこからイメージする姿はさまざまです。

　そこで写真が活躍します。写真を見せることで、言葉で表現するよりも具体的な様子、この場合であれば、砂にどのように触れていたかという手や指の様子、表情などが読み手にリアルに伝わります。そして、作り手も写真があることで、子どもの発見や自分自身が心動いた様子を文章だけで書くよりも伝えやすくなるはずです。

写真だと一目でわかる！伝わる！

対話が広がるきっかけになる

1枚の写真つき記録が
コミュニケーションツールに

　書き手が捉えた子どもの魅力を写真を用いて見せることで、さまざまなことに気づき、周囲の人たちと子どもの様子を共有しやすくなります。そのことで自然と対話が豊かになります。

　まず1つは保育者同士で気楽に写真を見て話をしたり、ドキュメンテーションを作るプロセスでやりとりをしたりする機会が増えていきます。

　また、ドキュメンテーションを見た保護者との間にも対話が広がります。理由としては、写真があることで子どもの様子が読み手にリアルに伝わり、そこから会話の糸口が見つかりやすいからだと思います。また、保護者と子どもとの間での対話も豊かになり、それが保育者と保護者の対話につながることもあります。

　さらに、子どもたちも自分たちの写真に興味を持ち、よく見ています。保育室や廊下などにドキュメンテーションを貼ると、0歳の子も自分や友だちを探したりしておもしろがり、興味を持ち、やりとりが生まれます。幼児では対話から新たな活動まで広がっていくこともあります。

さまざまな方向にコミュニケーションが広がる！

いいこと**3**

自分自身や保育者間での
振り返りにつながる

作ることで振り返り、考える契機に

　ドキュメンテーションは他者とのコミュニケーションを広げるだけでなく、自己内対話（自分の頭の中で物事に対してどうだったのかを考えること）を豊かにする可能性も秘めています。

　撮影した写真を見ながら文章をまとめるドキュメンテーション作りは、自分の保育を頭の中で整理し、見つめ直すきっかけになります。自分の中でその日にあったできごとを振り返り、子どもの興味・関心のありようを考えたり、それぞれの子どもの学びや育ちを

さまざまな視点から確認したりすることができます。

　さらには「次にはこんなことするとおもしろいかな」「この先どうすれば子どもたちがもっと楽しくなるだろう」などと、先のことを視野に含めて考えることにもつながります。

　また、この振り返りは自分1人だけで行うのではなく、ほかの保育者との対話を通して保育者間でも広く行われるものにもなっていきます。

振り返ることで次につながる！

それぞれが別のことを
楽しんでいたな！

**1人遊びも
大切に**

作り方の工夫

いろいろな型のカップを
用意してみよう
新たな提案

みんなでカップを
使うようになった！

**人との
関わりの姿**

保育について考えるきっかけになり、保育の質もアップする

自身や園全体の保育の変化を導くツールに

　ドキュメンテーションで心が動いたことを伝えようとすると、自然と子どもたちの様子をよく見るようになります。そして、よく見ていることが「これだ、今だ！」と思う魅力的な写真を撮ることにもつながります（写真の詳細は38〜43ページを参照）。ドキュメンテーションがあることで周囲の人たちとの対話が広がり、また、ドキュメンテーションを作ることで保育を見直す機会が自然と生まれます。

　慌ただしく過ぎていく毎日の中で、その日を振り返ってドキュメンテーションにまとめることは、自分や園全体の保育を見つめ、考えるきっかけになります。「今日やっていたこと、この先はこうなるかな？」「明日はこんなことをするとおもしろいかな？」「こんな環境を用意してみよう！」と思いを巡らせることで、日々の保育が子どもの興味・関心からつながっていくものへと変わり、子どもと共に遊びや学びを深めていくことができるようになるのです。

子どものやりたいことに気づき保育に活かせる！

21

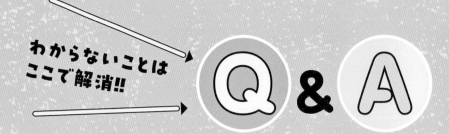

わからないことは
ここで解消!!

Q&A
保育ドキュメンテーション
きほんのき

保育ドキュメンテーションの本質と魅力を見てきました。
ここからはQ＆A方式で保育ドキュメンテーションの基本的なことを
もう少し詳しく知っていきましょう。

Q1 どうやって始めるといいですか？

A まずは、「今日、保育でこんなにおもしろいことがあった！」ということを伝えるつもりで書いてみましょう。最初は写真１枚でもよいので、できれば毎日作ってみることが望ましいと思います。日々続けることで先に紹介したよいこととのつながりもわかってきますし、手応えも感じてくると思います。

ホワイトボードに書いたエピソードが第一歩に！

ホワイトボードにその日のできごとを書いて、保護者に伝えていたところ、それに写真を加えるアドバイスを受けたことがドキュメンテーションの始まりとなった例もあります。（白百合愛児園）

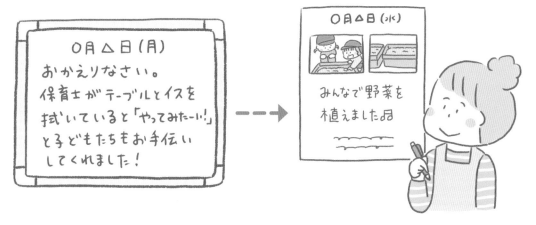

ホワイトボードに１日の様子を文字で書いていた。

ホワイトボードの文章に「写真を２枚くらいつけるとより伝わりますよ」とアドバイスを受け、それを５歳児クラスの保育者が実践。写真を２枚以上入れたドキュメンテーションを作成し始める。

さまざまな手応えに、その年度のうちに、５歳児クラスだけでなく、４歳児クラスもドキュメンテーションを作り始める。そして、翌年になると園全体に広がり、全クラスがドキュメンテーションに取り組むようになる。

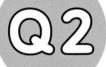

Q2 何を書いていいのかわかりません。 いいドキュメンテーションって どんなものですか?

最初は確かに何を書いていいのか悩んでしまいますね。
❶まずはその日のできごとで、こんなことを楽しんでいた、夢中になっていたなという具体的なこと
❷自分がおもしろいなと思ったこと
をみんなにわかりやすく伝わるようにまとめてみましょう。

こう書かなければいけない、これを書かなければいけない、こんな写真でなければいけないというルールはありません。また、ドキュメンテーションによい、悪いもありません。

それぞれの園、それぞれの保育者が作る1つ1つに違うよさがあります。それぞれの園の保育の中で、おもしろかったことをドキュメンテーションで伝えることで、ほかの保育者や保護者からも共感を得て、みんなで共有できれば大きな一歩。やってよかったと思えるはずです。

具体的なドキュメンテーションの作り方やレイアウトの例は1章、2章で紹介するので参考にしてみてください。

ちょっと今っぽく 写真とハッシュタグだけでもOK！

説明がなかなか書けないときや時間がないときには、SNSで使われているハッシュタグ的な一言の説明でもいいと思います。写真を撮ること、撮った写真を選ぶこと、写真に説明を書いていくことに少しずつ慣れるように、まずは自分にとってやりやすい方法を見つけてみましょう。

これだけおさえておこう！

- ☑ ドキュメンテーションに絶対のルールはない

- ☑ 子どもが夢中になっていたことをまとめる

- ☑ おもしろいと感じたことや
  その一瞬をまとめる

- ☑ 伝えたことを共感、共有してもらえたら大成功！

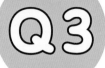

Q3 写真はいつ、何を撮ればいいですか?

A 詳しくは1章で紹介しますが、先にもあったように自分が心を動かされたことを撮影しましょう。ピースをした姿を撮るのではなく、集中している様子や集中している子どもの目線の先にあるもの、遊んだ後の場や道具を撮ることで、言葉で説明しなくても写真がそのときの様子を語ってくれます。子どもが空を見ていたら、その空を一緒に見上げて写真に撮ればOK。子どもの姿が写っていなくてもいいのです。

子どもがすぐにカメラに向かって ポーズをとるときには

それは子どもにとってカメラが珍しい存在だからなのかもしれません。常にカメラやスマホがあって、写真を日常で撮っている環境になれば、自然と気にしなくなります。写真を撮ってみたいという子には撮ってもらってもいいでしょう。

子どもの登場回数に差が出る場合はどうしますか?

これも悩みのようですね。答えは単純ですが、毎日ドキュメンテーションを作っていれば、自然と子どもの登場回数が増えてくるので大きな差が生まれることは少ないのかなと思います。保護者が自分の子どもだけでなく、ほかの子どもの育ちまで一緒に見ていけることもドキュメンテーションの魅力です。しかし、どうしても気になる場合は1週間～10日のスパンで見て、1度も出ない子がいないように注意してみるといいでしょう。

アドバイス

▶ 1枚は活動の全体像が写っている写真を入れるようにする

▶ 入園時に、活動内容によって写真への登場時期や回数に差が出ることもあると伝える

掲載許可は入園時に

プライバシーの観点から写真掲載の許可をとることが必要です。スムーズなのは、入園時の説明です。ドキュメンテーションに写真を載せてもよいかを確認しましょう。

Q5 園だよりと保育ドキュメンテーションは違うものですか?

A よく聞かれる質問ですね。先のページにあるようにドキュメンテーションを簡単にいうと"写真つきの記録"です。おたよりのように連絡事項や予定を伝えるものとは違います。しかし、園の中には、「おたよりをドキュメンテーションにすることから始めました」というところもあるように、おたよりを写真つきの記録にして、子どもの成長の様子を伝えることもできます。

園だよりをドキュメンテーションにすることもできる!?

群馬県のあさひ第二保育園の園だよりは、ドキュメンテーションを取り入れています。ここにその一例を紹介します。

園だよりにドキュメンテーションを
取り入れている例

裏

表はその月の予定やお知らせなどを載せる「園だより」の体裁にし、裏に前の月のできごとをドキュメンテーションで紹介。11月の園だよりの裏面では左側は運動会（2歳以上児）、右側は外あそびの様子（0、1歳児）を掲載。

表

Q6 時間がかかり、その日のうちに作れないのですが……

A 　始めたばかりの頃は、慣れていないことで作るのに時間がかかってしまうかもしれません。けれども、慣れるとその日のドキュメンテーションを15分ほどで作れる、ということをよく聞きます。保育園であれば、午睡の時間やシフトをうまく利用したり、ノンコンタクトタイムを工夫することで作ることもできると思います。手書きがやりやすいのか、パソコンを使う方がいいのかなど、作っている中でスムーズに進められる方法も見つかってくると思います。負担にならないやり方を探してみましょう。

アドバイス

昨日の様子をお知らせしてもOK

日吉台光幼稚園では、園児が帰ってからドキュメンテーションを作ります。そのため次の日に前日の様子をお知らせする形をとっています。幼稚園の場合はお迎え時間も早いため、それぞれのやり方を考えていくとよいでしょう。

Q7 個人を追う方がいいのでしょうか? 集団を見ていく方がいいのでしょうか? ポイントはありますか?

A 　個人、集団を気にせずに作ってみましょう。集団で遊んでいるからといって集団の場面ばかりを追う必要はありません。その中での個の姿も大切です。みんなで遊んでいるときに、この子はこんなふうに参加していましたと取り上げてもいいのです。そして、取り上げた子どもの親だけなく、「この子はこれが楽しかったんだね」と、いろいろな人に共感してもらい、個人の記録としてみんなで大事にできることもドキュメンテーションならではの魅力です。

　年齢が小さい時期の方が、個人のドキュメンテーションが比較的豊かになる傾向はあると思いますが、大きくなっても独自路線を進んでいく子もいます。個人、集団と分けて考えずに伝えたいこと、伝えたい一瞬を見つけてみましょう。

アドバイス

日々の様子をよく見てみよう!

遊びや活動だけでなく、日常の習慣がドキュメンテーションのテーマになることも。みんなの前で着替えができない子に「あっちの陰で着替えてみる?」と声をかけたことで、着替えができることになったという過程をドキュメンテーションにした例もあります。
この事例からは、子どもの育ちだけでなく、保育のあり方も考えられますね。

Q8 時間短縮につながると聞いたのですが、本当ですか?

A 保育者の業務のスリム化は課題ですね。ドキュメンテーション作りが記録時間の短縮につながることはあると思います。写真によって説明を書く作業が減ったり、ドキュメンテーションを日誌にしたりしている園もあります。ICT化を進めている園では写真記録を連絡帳として活用しているところもあり、同じ内容を何度も書かずに済んでいる場合もあります。

単に作業的な一面だけでなく、ドキュメンテーションを作ることで子どもの遊びや学びをよく見つめ、そこから次の保育計画が自然と出てくれば、一から計画を立てる時間は不要です。つまり、ドキュメンテーションを書いて終わるものにしないで、さまざまな業務と結びつけることが大切。そして広い目で見たときにそれが時間短縮につながります。

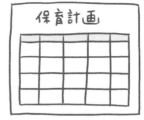

知っておきたい こ と ば

保育のICT化とは ≫≫

インターネットやアプリを使って保育の業務を軽減することができるシステムです。2章（詳しくは110ページ）でも紹介しますが、今は多くのサービスを行う企業があり、その特徴もさまざまです。一般的に保育のICT化でできることは、出欠の確認や連絡帳、保護者への一斉連絡やアンケート、指導計画や日誌などの報告書の作成などがあります。これらをスムーズに作成、データを連携できると業務の軽減につながります。ドキュメンテーションをICTのシステムを使って作っている園も増えてきています。

園児の登場回数を均等にするアイデア

ドキュメンテーション作りで気になる子どもの登場回数。出てくる回数を均等にするために作る頻度を増やしたり、全員や多くの子が入る写真を撮っておいたりする方法を紹介しました（27ページ）。クラスの人数が多い場合や、頻繁に作成が難しい場合は、名簿を作ってチェックするという方法が有効です。

ドキュメンテーションを作るときに、写真を見ながら、出てきた子どもの名前をチェックしていく。登場回数が少ないことはその子を追えていないことにつながるので、そこを意識して写真を撮るようにしている。

壁に貼っておくと、保育中に見ることでき、写真を撮る際に登場回数が少ない子を意識して撮るようになる。保護者を保育室へ入室させていないため、このような方法を取っている。

アプリによってはこの情報を簡単に確認できる機能もあります。ただし、このことにあまり時間をかけすぎると、ドキュメンテーションのよさが活かしにくくなることもありますので、均等な登場回数ばかりに注目せず、見せ方も工夫してみましょう

1章

保育ドキュメンテーションの
作り方

4つのStepで作る
保育ドキュメンテーション

保育ドキュメンテーションを
4つの手順で作ってみよう!

　ドキュメンテーションは、写真を撮ってタイトルを書き、コメントをつけてレイアウトをするのが基本の作り方の手順です。作り方には、写真をプリントアウトして切り貼りし、手書きで文章を書く方法、ICTを導入してパソコンで作業する方法、ドキュメンテーション作成機能のあるアプリを導入しタブレットやスマホを使う方法があります。作りやすい方法を選びましょう。取り組みやすい方法からスタートし、園内でさまざまな意見交換をしてスムーズなやり方を見つけましょう。

どのようなツールでも
手順は同じ!

使用するツールが違っても、
ドキュメンテーション完成までの
流れはほぼ同じです。

Step 1

保育中の子どもの様子で
"心が動いたところ"を写真に撮り
印象的な言葉をメモする

Step 2

写真を選び、
タイトルをつける

1章ではドキュメンテーションの具体的な作り方を解説します。
保育中に写真を撮るところから完成までのプロセスと作り方のヒントを
まとめました。紹介する4つのステップで作ってみましょう。

Step3

エピソードや
コメントを書く

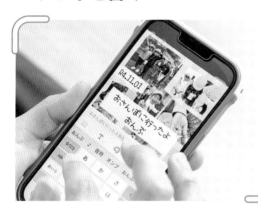

Step4

見やすさを考えた
デザインを加える

完成した
ドキュメンテーション

この4つのステップで作ります。
次のページからは　　　-----→
具体的な方法を紹介します。

Step 1 子どもの様子をよく見て、心が動かされたところを撮影し、言葉をメモする

写真つきの記録に写真の撮影は必須です。保育中はつねにデジカメやスマホを携帯して写真を撮ります。撮影機器は1人に1台あるとベストです。難しい場合はクラスに1台準備します。撮影では事前に「これを撮ろう」と考えずに、保育中に心が動かされた瞬間やほかの保育者、保護者、子どもたちに、これを伝えたいと感じたときに撮影します。

クラスに1台の場合は
置き場所を決めて

デジカメやスマホを複数名で共有する場合は、設置場所を決めましょう。保育室だと撮影をしたいときにすぐに手が届きます。充電ができる場所がおすすめです。

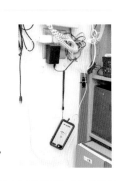

いつでも撮れるように充電をしながら保管。

ここが大事 1

デジカメやスマホは肌身離さず！

この瞬間を撮りたいと思ったらすぐに撮影できるように、保育中デジカメやスマホは必ず持ち歩きます。

取り出しやすい肩掛けのポーチやエプロンのポケットなどにデジカメやスマホを入れておく。

ここが大事 2

気づかれないようにサッと撮影する！

子どもたちは、遊びや活動に集中したりしていると、カメラを気にしたり、寄ってきたりすることはありませんが、自然な表情や様子を撮影できるように、サッとカメラを向けます。

取り出す！

しまう！

「ここ！」と思ったら、すぐに取り出して撮影する。撮影後は手に持ち続けずにサッとしまう。

これも大事！

みんなが写るようなカットを撮っておく

最初のうちは、子どもの登場回数ができるだけ同じになるように、撮影の段階で多くの子どもが写った写真も撮っておくのも工夫のひとつです。

みんなで一緒の写真も忘れずに！

みんなが揃ったときは、シャッターチャンスですが、一緒の写真ばかりを意識すると一人一人のおもしろがっている世界が見えにくくなるのでバランスを考えましょう。

こんな様子を撮影します！

「心が動かされる」と言っても、最初は何を撮影すればいいのかがわからないかもしれません。こういった点に着目することから始めることをおすすめします。

1 集中している様子

遊びなどに夢中になっている姿は子どもの興味のあること、そして成長や学びの瞬間が見えるひとコマになります。カメラを向けても、撮影されていることが気にならないほどに子どもたちは目の前のことに熱中しています。

図鑑を見ているところ。
目線、次のページをめくろうとする
手の動きから真剣さが伝わります

子どもが真剣に物事に取り組む様子は、保育者も心が動くシーン。エピソードも書きやすい。

3 子どもの目線の先

子どもが見ている物も撮ってみましょう。例えば、砂遊びでコップを使っているところでは遊ぶ様子に加えて、コップの中に入っているものも撮影します。目線の先まで追うことで、何を見て、何に興味を持っていたのかを写真で伝えることができます。

2 試行錯誤していたり普段と違ったことをする様子

物事に試行錯誤する様子や挑戦する様子もほかの人と共有したい心動かされる瞬間です。いつもと違うことや遊びをしているところも学びや育ちの瞬間として大切です。

貼りついて扱いにくいガムテープをはがそうとする様子やアツアツのサツマイモを早く冷まそうとがんばる姿。普段とは違った表情が記録できる。

「フーフー!」などの音や、子どもが話したことを一緒に記録しておくと現場の様子がより伝わります

コップの中には子どもが砂と水を混ぜて作った泥が入っています。子どもが作ったものを撮っておくと見た人が遊びの様子をより想像しやすくなります

子どもだけでなく、やっていたこと・見ていたことがわかる写真を撮っておくと、ドキュメンテーションをまとめるときに役立つ。

4 遊びに使ったものや 作ったもの

子どもが遊んだものや作ったものからも、そのときの様子がリアルに想像できます。言葉で「砂遊びをしました」と書くだけではなく、砂遊びに使った道具や遊んだ跡を写真で見せることで遊びの様子が臨場感を持って読み手に伝わります。

使い終わった後のカップには
氷に見立てた水が。
工夫して遊んだ様子が
伝わります

遊びの最中の写真が撮れなかった場合にも、使っていた道具、遊んだ跡などを撮影しておくとよい。

子どもの様子が伝わる

写真の撮り方のコツ

コツ 子どもの目線まで アングルを下げて撮る

大人が立ったときの目線ではなく、子どもの目線までカメラを下げて写真を撮ります。こうすることで、子どもの表情や動きがよく見え、見る人に伝わりやすい写真になります。また、子どもの背後から風景を撮ることでも、子どもの見ている景色を伝えることができます。

コツ 見せたいものが きちんとわかるように 撮影する

写真を撮っても何が写っているのかがわからないと見ている人に伝わりにくくなってしまうことも。子どもが持っているものなどは撮影しやすいように、手で持って見せてもらってもいいでしょう。

5 指先などの身体のアップや後ろ姿

子どもの身体を部分的にアップに写した写真からでもそのときの様子が伝わります。たとえば、泥遊びでどのように手を動かしていたか、優しい動きか、激しい動きかを写真で見せるだけでも、状況や子どもの気持ちを読み手に伝えられます。後ろ姿から真剣な様子を感じたら、背後から写真を撮ってもいいのです。

泥のやわらかい感触を
楽しんでいるのが
手の様子から
伝わってきます

体全体や表情がよく
見えていなくても、
指先、背中などの体
の一部からも訴える
ことがある。

コツ **子どもが撮ってほしいものも被写体にする**

捕まえた虫や見つけたものなど、子どもが「撮って」といって近寄ってくることも。そのときは撮って欲しいものについて話をしてエピソードを聞きながら撮影をすると子どもの目線が伝わるドキュメンテーションになります。

コツ **子どもが興味を示したら、撮影してもらってもOK**

年長クラスなどの子どもは自ら写真を撮ってみたいと言うこともあります。そんなときはカメラを渡して撮影してもらってもいいでしょう。子どもの興味のあるもの、注目していることが写真を通して見えることがあります。

撮影のしかた Q&A

Q 一緒に活動していると
写真が撮れません

A ほかの職員と協力して
撮影しましょう

砂遊びや水遊びなどを一緒に楽しんでい
ると、写せないこともありますね。クラ
ス担任が複数いたら、相談して写真を撮
る人を決めるやり方もひとつです。また、
主任や園長がカメラを持ち、撮影をする
ことがあってもいいと思います。また、
遊びが終わった跡、作った物などだけで
も撮るのもよいかもしれません。

担任以外の先生がマイカメラで
撮影をする方法もある。

他の先生が
カメラマンに

役割を決めておけば、写真を撮
るチャンスを逃さない。

Q シャッター音が
どうしても気になります

A 動画モードを活用したり
ほかの職員が遠くから
撮るなど試しましょう

スマホの動画モードにして、写真のボタ
ンを押すと音が出ません。どうしても音
が気になる場合には、動画を撮りながら
撮影を試してみてもいいでしょう。担任
は子どもに寄り添い、主任などのほかの
職員が撮影に協力すると、動画撮影もス
ムーズにできます。

動画モードに
なっている

主任の職員が少し離れた場所か
ら動画モードで撮影。動画撮影
の間に写真のボタンを押して写
真を撮る。

写真は何枚くらい
撮るのでしょうか？

いろいろな瞬間を
記録しよう

枚数は気にせず
「ここだ！」と思った場面を
撮影しましょう

枚数は一概に言えませんが、たくさん
撮ってその中から「これを紹介したい」
と思うものを選ぶのがよいでしょう。
保育中にいいなと思った瞬間を撮影し
ておいて、後から整理をすればOK。
いい写真がたくさんあって迷ってしま
うこともありますが、枚数は気にせず
にどんどん写真を撮ってみてください。

砂がいっぱい！

保育中にスムーズに
写真を撮る方法は？

写真はサッと撮る、を
心がけましょう

常にデジカメやスマホを構えているわけではあり
ません。「ここだ！」と思ったときにサッと写真
を撮り、撮影機器もすぐにしまいます。安全面が
気になる場合は、ほかの職員に頼んだり、子ども
が遊んだ後の場所の様子を撮ってもいいでしょう。

子どもが乗っていたタイヤを撮
影。砂がたくさんついた車輪の
写真からでも、言葉だけでは伝
わらないそのときの臨場感を感
じられる。

アドバイス

「保育中に写真を撮るのは難しい」というご意見もあると思います。
しかし、写真を撮るということは、「子どもがおもしろい！」と思っ
ていることを、写真の撮り手も「おもしろい！」と共感することにも
なります。保育の中で日々起きることを、子どもと共にワクワクする
ことを大切にすると、子どもの育ちや学びを捉え、考える写真を撮る
ことが自然に増えていくと思います。

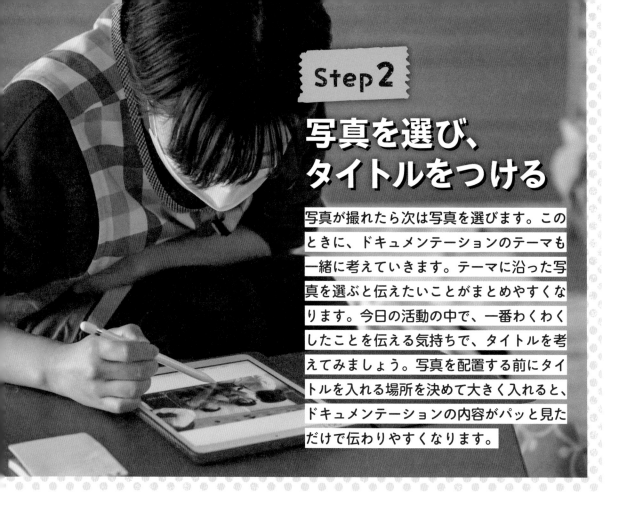

写真を選び、タイトルをつける

写真が撮れたら次は写真を選びます。このときに、ドキュメンテーションのテーマも一緒に考えていきます。テーマに沿った写真を選ぶと伝えたいことがまとめやすくなります。今日の活動の中で、一番わくわくしたことを伝える気持ちで、タイトルを考えてみましょう。写真を配置する前にタイトルを入れる場所を決めて大きく入れると、ドキュメンテーションの内容がパッと見ただけで伝わりやすくなります。

ここが大事1 取り上げる内容にあった写真を選ぶ

心が動かされたできごとを撮った写真の中から単に「いいな」と思った写真を感覚で選ぶよりも、紹介する写真にテーマがあると見る人に内容が伝わりやすくなります。ルールはありませんが、「いいな」と思ったことを少し言葉にするつもりで、その日のドキュメンテーションで取り上げるテーマを考えながら、それに沿った写真を選んでみましょう。

テーマに合った
写真を選ぶ

使う写真をまとめて選んでいく。写真を大きくして細部までチェックすると切れてしまっている部分やブレている部分などが確認できる。切れていたりぶれていたりしたら、写真を選び直す。

ここが大事2　タイトルを考える

テーマを決めて写真を選んだら、そのテーマに沿ったタイトルと結びつくタイトルを考えます。例えば今日の活動が、一生懸命虫を探して見つけた、であれば「虫さん見つけた！」、見つからなかったときは「虫さんいないかな」、見つけた虫をじっくり観察したときは「虫さんのすごいところ発見！」というように、テーマに合ったタイトルをつけるといいでしょう。写真とタイトルが結びつくと、タイトルを見ただけで、ドキュメンテーションで紹介している内容がすぐにわかります。

子どもの気持ちをそのままタイトルにするのもGOOD！

ハロウィンのように仮装している様子をテーマにしたタイトルをつけた例。何をしているのかがすぐにわかるタイトルは見ている人にも内容が伝わりやすい。

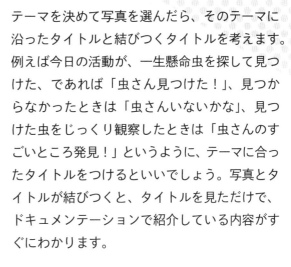

すぐにタイトルが思い浮かばないときは、写真を選びながら考えてもOK！

ここが大事3　見やすさを考えてレイアウトを決める

ドキュメンテーションは、心動かされたことをほかの人と共有するツールです。そのため、読む人のことを考えて作成をすることが大切です。紹介する写真の点数や見やすい写真のサイズも考えます。紹介したい写真が多くなり、ごちゃごちゃしてしまう場合は点数を絞りましょう。

写真の点数を決めて配置場所を決める。後から文字が入ることを考えることが大切。文字を手書きしない場合は、後から微調整ができる。

写真の大小をつけたり文字のスペースをあけたりしながらレイアウトする

写真選びやタイトルのつけ方 Q&A

写真がたくさんあって、載せられないものがでてしまいます

お迎えのときなどにデジカメやスマホを直接見せて、エピソードやできごとを伝えてもOK。

保護者に写真だけを見せてもいいでしょう

1回のドキュメンテーションに載せられる写真の点数は限られます。掲載できない写真はお迎えにきた保護者に直接、デジカメやスマホの画面を見せて、その日の様子を伝えるときにも使ってもいいでしょう。ドキュメンテーションにするだけが写真の役割ではありません。言葉に写真が加わることで、ドキュメンテーションになっていなくても、そのときの状況が伝わりやすくなります。記録用や保護者に話をするときに使ってもいいでしょう。

撮った写真の一部分だけを載せてもOK?

手元がよく見える!

広く撮影しておいた写真を使って、手元の寄りだけトリミングしている。

もちろんOK。トリミング機能を活用しましょう

写真は顔が写っていなくてもいいのです。子どもの手元の細部を見やすく、大きく掲載したいときには拡大して切り取れる「トリミング」という方法があります。スマホのアプリなどでは写真のトリミングができる機能がついています。使いたい写真を選んで見せたい範囲を選択して切り取ると、手元などに寄った写真になります。トリミングをすると、子どもの全身と手元というように組み合わせて使うこともできます。

テーマやタイトルを
考えるのが難しいです

日常の様子も大切な記録

子どもの言葉で
考えてみましょう

テーマ、タイトルと考えると難しくなってしまうかもしれません。子どものやっていることを、子ども目線で言葉にしてタイトルにするのもいいでしょう。あとは慣れていくことが大切です。日々、ドキュメンテーションを作っていくとタイトルが浮かびやすくなります。

砂遊びの様子のドキュメンテーション。このような何気ない場面をていねいに記録することが大切。

写真の配置が難しいです。
何かルールはありますか?

自動的に写真が配置される仕組み

見やすいなと思う配置を意識しましょう

配置の仕方に決まったルールはありません。ICTを導入していると写真の配置が固定されたフォーマットがあることもありますが、自由に配置する場合は、人の目線の動きを意識して、写真を配置すると見やすくなります。また、単調な紙面にならないことも見やすく感じる要素のひとつです。写真の大きさを変えたり、写真を丸く切り抜いたりして、紙面に動きを持たせることもやり方のひとつです。

人の目線の動き

横書き
縦書き

フォーマットが決まっていると同じサイズで同じ点数の写真が配置される(写真上)。自由に配置する場合は、丸く切り抜いた写真やハート型にした写真を入れると動きが出て見やすさがアップする(写真下)。

矢印やふきだしなどを入れても

アドバイス

ドキュメンテーションのテーマやタイトルは、「今日、どんなことがあったかな?」とドキュメンテーションを見る子どもや、保護者、同僚に、「今日、こんなことがおもしろかった!」と語りかけるつもりで考えてみるのがいいですね。「〇〇しました」でもよいのですが、その「〇〇」のどんなことに、その場にいたみんなの「心が動いた」かが伝わることが大切だと思います。子どもの言葉の力を借りるのもいいですね。

エピソード、コメントを書く

写真とタイトルが決まったら、その写真をめぐってのできごと、そのとき感じたことなどのコメントを書きます。「何をした」ということだけよりも、よりそのときの様子が生き生きと伝わるように、子どもの発言をそのまま書くのも素敵です。そのときに気がついたことや驚いたこと、子どもの成長を感じたこと、子どもの気持ちを汲み取った考察など加えてみることもできます。写真に写っていることの魅力をもっと伝える気持ちで書いてみましょう。

ここが
大事 ❶

まずは子どもの具体的な様子を書く

写真で紹介している内容を言葉で補足します。子どもがいつ、どんなふうに、何をしていたのかを具体的に書きます。例えば、恐竜に変身して夢中になって遊ぶ様子を具体的にドキュメンテーションにすると、次のページのようになります。

このときの様子を
ドキュメンテーションに
していきます

→

こんなドキュメンテーションになりました

恐竜のアイテムを身につけて遊ぶ様子をまとめたもの。図鑑を見たり、恐竜になりきって遊ぶ様子がわかりやすくまとめられている。

一緒に見ていた恐竜図鑑のページ。何を見ていたかよくわかり、ページをめくる手からも熱中が伝わる

大好きな恐竜図鑑を見ながら　「かっこいいね！」

恐竜の仮装をしながら恐竜図鑑を見る、という遊びのプロセスが伝わる

図鑑のようなかっこいい恐竜に変身した子どもの生き生きとした表情、身体が伝わる

ジャンプをしながらダイナミック差を表現しています。

自分も恐竜、図鑑も恐竜。

恐竜になったつもりの子どもがおもしろみを持って伝わる

恐竜になってお外にお散歩いくぞ！

仮装の全体像と遊ぶ様子を載せ、まとめの文章と連動させることで、より場面が伝わりやすくなる

保育者が作った恐竜変身アイテムに夢中でした。恐竜の姿になると「がお〜」と想像の中にある恐竜になりきります。外に歩いているとすれ違う先生に「恐竜なの！」と言いながら歩いていました。給食前に実際に動いている恐竜を見て見よう！とパソコンを使い動画を見て見ると、普段は恐竜になっていないお友だちも「手がこんなになってる！」と言ったり恐竜の羽根の様に手を動かしたりしていました。

子どもの言葉を
そのまま紹介

子どもが実際に話していたこと、言っていたことを吹き出しにして書き込むと、より具体的な様子が伝わります。保育中に子どもが言ったことは、おもしろいな！と思ったときに忘れないうちにその言葉のままメモを取っておくのもひとつの方法です。特に、年長児などの大きな子どもの発言は多いので「あのとき誰がなんて言ってたかな？」と、迷うことも。サークルタイム、こども会議のような場面で、子どもたちがどんどん発言しているときは、ボイスレコーダーを使用してみるのもひとつの方法です。

子どもの発言を吹き出しで入れている。保育者とのやりとりがわかるように、保育者の発言には保というマークがついている（写真上）。その場でメモをとると忘れない（写真下）。

慣れてきたら保育者の
視点を書いてみる

最初のうちは、子どもの具体的な様子が、読み手に伝わるように書くことができればOKです。慣れてきたら、保育者から見た子どものよかったところや気づきなどを書き加えられるようにすると、その場面の意味が伝わるドキュメンテーションとなります。

子どもの発言は吹き出しで紹介。さらに保育者がその場面で感じたこと、考えたことが書かれている。その場面での自分の思いも、書くことで、その場面の意味が伝わる。

エピソード・コメントの書き方 Q&A

文字量が多くなってしまいます。それでもいいもの?

写真で伝わることは説明しなくてOK!

文字数が多いことは悪いことではありません。伝えたいことが多いと、文字量も増えます。けれども、保護者は送迎時の短い時間に保育室前などに掲示されたものを読むことが多いので、「文字数が少ない方が見やすい」などと言った意見も聞かれます。写真で状況がわかることの説明は省いてもいいでしょう。子どもの発した言葉などをうまく入れて、文字数が少なくても様子が伝わるようにまとめられるといいですね。

年長児が小さい子のクラスに行き朝顔のタネをプレゼントしたときのドキュメンテーション。説明部分は長めだが、写真には黄色い吹き出しで、子どもの発言があらわされ、やりとりの様子がよく伝わってくる。

どんなことを書いていいのかよくわかりません。

まずはおもしろかったことを具体的に

始めたばかりの頃は、特に何について、どのように書いていいのかがわからないと言う声が聞かれます。まずは、その日一番「おもしろかったな」と保育者自身が感じる場面について紹介しましょう。そのときの子どもの様子を具体的に、子どもの「言葉」を紹介しながら書くことから始めます。その場にいたからこそ感じられた子どもの気持ちを言葉にしてみると伝わりやすくなります。また、その場にいた保育者自身が感じたこと、驚いたこと、気づいたことなどに触れてみるのもよいですね。

写真だけではダメですか？

写真にコメントを添えればドキュメンテーションに

始めるときは、1枚の写真にちょっとしたコメントをつけるところからでもよいと思います。まずは、毎日それを続けてみるのがいいでしょう。慣れてくると、「こんなおもしろいことがあった！」と、書きたいことが少しずつ、掴みやすくなってくると思います。まずは、難しく考えずに、写真をメインにしたものを作ってみましょう。

写真をたくさん入れたドキュメンテーション。状況の描写や言葉での表現が難しい場合は、写真に吹き出しをつけるように考えてみると、コメントが浮かびやすくなる。

まだ言葉で表現しない子どもたちも、その場面で、その子たちが感じていたと、想像できることを表現してみる。オノマトペなどを使ってみてもよい。

自分の考え(考察)が合っているのか 自信がありません。

子どもの気持ちに寄り添って自分なりの言葉で

子どもの様子をみて、「○○くんはこういう考えでこのようなことをしているのかな」「○○ちゃんはこういうことがしたくてあんな風に言っていたのかな」など、自分なりの考察を書く際は、これであっているのかな、などと悩んでしまうこともあるかと思います。もちろん正解はわかりません。でも、その場にいたからこそ、感じることができた子どもの気持ちに共感しようとすることで子どもへの理解も深まります。寄り添う気持ちで子どもを見つめ、また、子どもの視線の行先を共に見ながら、自分なりにまずは書いてみましょう。できあがったドキュメンテーションをほかの保育者と見て話をすることで、新たな視点や気づきも出てきます。

「おいしい土を作ろう」というドキュメンテーション。土作りの際の具体的な子どもたちの様子、土についての絵本を読んで楽しんでいる様子が見えてくる。その子どもたちの様子を見て、「今すぐ"土の再生"までは理解できないかもしれませんが、絵本を通して、実際に見て触れて、今の経験が子どもたちの記憶に残り、いつかつながっていく日が来るのかなと」と、保育者の願いも書かれている。そのことによって、この活動の意味が保護者やほかの保育者にも共有されやすくなる。

アドバイス

ドキュメンテーションを作ることに最初は戸惑うかもしれません。でも、その日先生が一番ワクワクした場面、子どもたちが没頭していること、おもしろがっていることを、写真の力を借りながら、ぜひ伝えてみましょう。子どもが話してくれたこと、子どもがあらわしていること、例えば、視線の行先や子どもがその対象にどのように触れているか、さらには、子どもが作ったものなどがヒントです。また、この場面を選んだ先生ご自身のワクワクしている思いも伝えてみましょう。

読みやすさを考えた
デザインを加える

手書きで作る場合や自由に写真や文字を配置できる場合は、読む人のことを考えて紙面を整えると、読んでみたい気持ちがアップします。タイトルを大きく書いたり、子どもの発言を区別しやすいように吹き出しにしたり、エピソードの中で注目してほしい箇所に色をつけたりして、目を引くデザインをプラスします。

ここが大事1 いちばん伝えたいことを大きく、写真もアップで

すべての文字が同じくらいのサイズだと、注目する部分がわかりにくくなるため、文字の大きさや太さに変化をつけます。1番大きく（太く）入れるのはタイトルです。エピソードなどの説明の文章はタイトルよりも小さく入れます。写真につける説明や子どもの吹き出しはエピソードとは大きさや太さを変えてもいいでしょう。

写真は、大勢が写っているものは大きく枚数は少なく、写っている人数が少ない場合は小さくして多く載せるなど、変化をつけるといいでしょう。子どもの表情に合わせて形を変えても、現場の雰囲気が伝わります。ただ、あまりその変化を考え込んでいて、時間がかかってしまうようでは続かなくなります。まずは、1枚の写真とキャプションからシンプルに始めても大丈夫です。

クラス・日付も忘れない

強調したい部分にアンダーライン

小見出しを入れる

ここが大事② 子どもの言葉をわかりやすく

エピソードの中に子どもの発言を入れると文字数が増えて、せっかくの子どもの声が埋もれてしまいます。そこで、写真のそばに吹き出しをつけて、子どもの発言と写真を一緒に見せるのもおすすめです。吹き出しにすることで、わかりやすくなります。

全体的な発言や保育者の声は黄色、個人の発言を吹き出しにしている

子どもの発言を吹き出しと黄色い地色を敷いて入れている。このような工夫で子どもの発言がわかる形も素敵。

タイトルは大きく

作品の写真は丸い形に

吹き出しは形や色を変える

できあがりはわかりやすく

タイトル、吹き出し、エピソードでそれぞれ文字の大きさや太さを変えている。

色やラインで見てほしいところをアピール

手書きの場合、黒いペンだけでなく、マーカーや蛍光ペンを使って、注目してほしいところに色をつけたり、エピソードと発言で色分けをしたり、アンダーラインを引いたりして、メリハリのある紙面を目指すと読みやすさもアップします。タブレットなどで作成する場合も、手書きと同じように色を変えたり、ラインを引いたりしてみましょう。紙面が華やかになると楽しい印象になります。

黒いペンに蛍光ペンを使って飾りやラインをプラス。内容に合わせてピンク、緑、青で色分けをしている。

ひよこ　　9月15日（木）　　令和4年

歯の写真を撮りました！

よろしくお願いします！

カバさんのおくちあ〜！あ〜！！

ちょっとドキドキしたけど…とっても上手に口を開けることができました！

蛍光ペンで囲む

ごあいさつもかっこよく言うことができてびっくり☆☆
給食の後には、いつもい上に歯みがきを頑張る姿が！！

みんなで踊ると楽しいね！

もう1回踊りたい！

♪アブラカタブラ

♪のらねこゴロニャーゴ
最近ではこの2曲が盛り上がっています

アンダーラインを引く

ポイントで簡単なイラストを入れても

アイスクリーム屋さん

それぞれこだわりをもってアイス作りに励んでいました。

先生やすみれさんも来てくれて嬉しそう☺

いらっしゃいませ〜！

手書きドキュメンテーション
便利アイテム

▶黒いサインペン

▶色つきのサインペン

▶蛍光ペン
（色の淡いものも用意すると便利）

ここが大事4 背景の色も効果的

タブレットやパソコンを使っている場合は、背景に色や模様を入れると目をひく作りになります。手書きの場合は色紙に書くのがおすすめ。一枚の中でテーマが分かれる場合は、背景の色分けをすると紙面がわかりやすくなります。また背景が白い色よりも明るい雰囲気になったり、全体がイキイキとした印象になったりもします。

ハロウィンっぽい色み

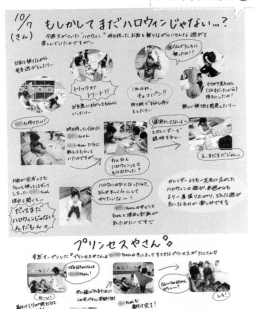

紹介するテーマごとに背景の色を分けている。色分けすることで、パッと見たときにテーマ別であることがわかる。背景は暖色と寒色など色みの違うものを選ぶとメリハリがつく。補色（反対の関係になる色）は目立つが、目がチカチカすることもあるので注意。

かわいらしい組み合わせ

色の組み合わせ例

赤	黄	ピンク
緑	青	グレー

赤 ＋ 緑
強い色同士なので目立つ。見づらいこともあるが明るく見える

黄 ＋ 青
補色の関係なのでエピソードの区切りが目立つ

ピンク ＋ グレー
子どもらしくかわいらしい雰囲気になる

読みやすさのポイント**Q**&**A**

**色を使うと
ごちゃごちゃします**

A 色の数を絞ると作りやすい！

使う色が多かったり、いろいろなところに色を使うと、ごちゃっとした印象になることもあります。タイトルと吹き出しだけ色を変えたり、目立たせたいところだけを別の色にするなど、ルールを決めてたくさんの色を使わずに、読みやすく目立つ紙面を作るといいでしょう。

左は文字は全て黒でまとめて、文字の下に入れる枠の色を2色にして、統一感を持たせている。右は地色を紫にして、白い文字で吹き出しをつけタイトルをオレンジ色にして、ハロウィンらしさと見やすさを意識している。

デザインに時間がかかってしまいます

A 凝りすぎないで続けていくのがコツ

せっかく作るのだから、いいものを作りたいと思う気持ちはよくわかります。けれども、こだわりすぎると長い時間がかかってしまい、毎日続けられなくなるのでは本末転倒です。ドキュメンテーションを始めるコツは、1枚の写真でもよいので、まずは毎日続けることです。できるだけ負担の少ないかたちで、まずは続けていきましょう。

スッキリ見せるには文字をパソコンで打った方がいいですか？

パソコン、手書き、両方のよさがあります

パソコンなどで文字を打った方が整った文字になるので、スッキリとした感じはあるかもしれません。けれども、手書きだからといって、読みにくいことはありません。相手に読みやすいように書くことが基本です。手書きがやりやすい人、パソコンがやりやすい人、それぞれがやりやすい方法を選択できる環境が準備されるとよいですね。

写真の下や横に手書きでコメントを書いている。このように写真とのバランスを考えてまとめると見やすくなる。

アドバイス

さまざまなドキュメンテーションを見せていただくと、本当にわかりやすく素敵なデザインのものがたくさんあります。そのようなドキュメンテーションを見ると、デザインの力は、すばらしいと感じます。また、このような「美しさ」を意識して、ドキュメンテーションのデザインだけではなく、日常を過ごすことも、学びの場として大切なことだと思います。

　ただ、ドキュメンテーションは、まずは子どものワクワクを伝えること。それには、毎日1枚の写真からでも始めることが大切だと感じています。例えば、1枚の写真にハッシュタグをつけて貼り出すだけでも、子どもたちの育ちや学びを可視化することができます。ドキュメンテーションも、日々成長していきます。デザインも試行錯誤しながら、ご自身の、また園にあった方法を探究してみてください。

保育ドキュメンテーションの手法を日々の活動に取り入れる

子どもたちの様子をドキュメンテーションにまとめていく過程では、必ず写真を撮ります。写真は"心を動かされた場面を撮影するとよい"と、序章でお伝えしましたが、これを意識して子どもたちを見ていると、子どもたちが今、何に興味があるのか、どんなことをしたいと思っているのかが見えてきます。また、

64〜65のページでも取り上げているように、撮った写真を保育活動の中に使って子どもたちに視覚的に物事を伝えたり、保育室に写真を貼って子どもの関心をサポートしたりすることも増えてきます。写真を撮ること、ドキュメンテーションを作ることで生まれた変化と言えるでしょう。

2歳児クラス 関連する資料（図鑑や絵本）とともに掲示する

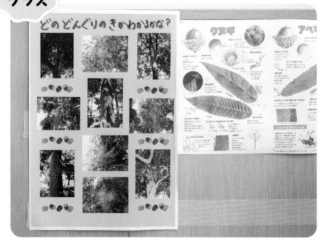

２歳のクラスで、散歩で近くの園の近くの雑木林へいったときに撮影した木の写真を10枚並べた掲示物。となりには、クヌギやコナラなどの説明が書かれた本のコピーを合わせて貼ることで、散歩のときに見た木の実へと関心がふくらんでいる。（白百合愛児園）

木の写真
（ドキュメンテーション）
＋
解説本のコピー

掲示してある木の写真を指差しながら写真をじっくり見ている子どもも。このように１つの活動が日々の保育につながっていく。

4歳児クラス

興味を広げる提案や クイズとともに 掲示する

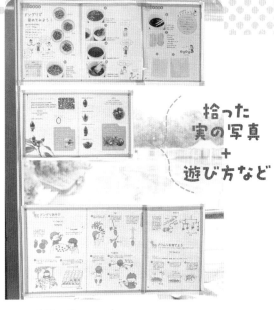

拾った 実の写真 ＋ 遊び方など

4歳のクラスではどんぐりへの関心がより増していることから、公園で見つけた実の写真に加えて、実を使った遊び方なども紹介している。食べられることも調べるとわかり、食べてみたいという話も出るなど、興味の幅が広がっている。

拾った実を分類できるように写真をつけた箱を用意。種類ごとに子どもたちが自分で仕分けをした。

写真を使った 分類BOXを置いてみる

同じ「どんぐり」というテーマでも、ドキュメンテーションでは制作について取り上げ、保育室では拾った実についての掲示をしている。興味を広げる提案ができるのは、写真があるからこそ。このドキュメンテーションでは、子どもたちの関心が少しずつ変化していく様子が記録されており、それに対する活動内容もさまざまに変化していることが分かる。

ドキュメンテーションでは 制作のことを取り上げ、 共有する

コラム 写真を保育に活かす

1 個人の写真をまとめて本のようにする

※ポートフォリオと呼ぶこともあります

ドキュメンテーション作りで撮影した個人別の写真を集め、3歳児の保育室の本棚に置いてあります。絵本を読むのと同じ感覚で写真を取って、指差しをしたり、じっくり眺める姿がよく見られます。
（ひまわりこども園）

こんな利点が!

自分や周囲の友だちに興味が広がる時期。写真で自分や身近な人を確認し、次第に自分の世界が広がっていく。

2 作ったものを撮影して残しておく

ブロックや積み木を使って作ったものをずっと残しておくことはできません。そんなときには写真が有効。子どもたちの残しておきたい気持ちも汲み取ることができる方法です。
（あさひ第二保育園）

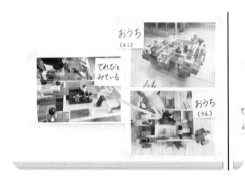

こんなやり方で!

みんなでブロックと積み木を使って作ったおうち。大きなもので長く残しておけないため、全体像と細部を撮影し、保育室の壁に貼った。子どもたちは写真を見て、作ったときの様子などを話している。

ドキュメンテーション作りで写真を撮る習慣がつき、
写真で子どもの様子を伝えるよさがわかると、
日々の保育の中でも写真を取り入れる機会が増えてきます。
ここでは写真の有効的な活用方法を紹介します。

3 園のルールなどを 写真つきで教える

ドキュメンテーションからヒントを得て、
子どもたちがわかりやすいように写真つ
きで片づけ方を見せるようにしています。
（白百合愛児園）

4 子どもたちの 興味を引き出す

運動会前の練習の写真を1枚の紙にまと
めています。「速く走るコツ」といった
子どもたちが関心があることを掲示し、
運動会の練習につなげる工夫をしていま
す。（日吉台光幼稚園）

こんな利点が！

言葉だけで伝えるよりも写真がある
と、見るだけで片づけの方法がわか
る。保育者が何度も説明しなくても
理解してもらえる。

こんなやり方で！

子どもたちは練習したことを思い出
すように写真を見て走り方を振り
返ったり、友だちと「こうだったよ
ね」と話をしている。写真があるこ
とで思い出せることが増える。

保育ドキュメンテーション ヒント集

普段の保育の1コマを 写真メインで印象的に記録（あさひ第二保育園）

いつも出かけるお散歩の様子をまとめています。写真をたくさん使い、文章はほとんど入っていませんが、写真のコラージュで子どもたちがどんな経験をしたのかが生き生きと伝わるドキュメンテーションになっています。

Good!

写真の撮り方がよい

正面からだけではなく、真剣に葉っぱなどを見ているところも撮影。言葉がなくても、そのときの空気が伝わってくる。

子どもの目線で見ているカットもみんなの様子がわかる写真も入っている

子どもが実際に手にしたものをアップで撮影

ここがポイント

いつも出かけている散歩でどんな経験をしているのかが伝わってくるドキュメンテーションです。子どもの顔の写真だけでなく、見ているもの、手にしたもの、手の先などの写真もバランスよく使って、文章がなくても散歩の空気感が伝わってきます。

おさんぽに行ったよ♪

面白い木の実や葉っぱを発見！

ヤギさんも会いに来てくれました🖤

おやつもあげたよ！

R4.11.01
PIC・COLLAGE

動物にエサをあげる手先を撮影

ここからはさまざまな保育ドキュメンテーションの例を見ながら、保育者が意識している点や目を向けているシーンを紹介します。注目点がわかると、写真の撮り方や文章の書き方もコツがつかめるはずです。

園庭での遊びをさまざまな視点でリポート(白百合愛児園)

梅雨の時期に久しぶりに園庭で遊んだ様子のドキュメンテーションです。「大きなイベントがなければ、ドキュメンテーションはできない」と思うかもしれませんが、日々の遊びの中にこれだけ多くのできごとがあると伝わる1枚です。

Good!

身近なシーンを記録している

遠くへ行ったことでも、特別なことをしたことでもなく、日常のできごとこそが大切。

階段に座っている写真だけでも、2人の仲のよい様子が伝わってくる

ここがポイント

園庭で楽しく遊ぶ子どもたちの声が聞こえてきそうなドキュメンテーションです。ドキュメンテーションは、日々の保育の中での発見を伝えるものです。このように子どもたちのありのままを紹介していくと素敵ですね。

たくさんの写真を使うことで、多くの子どもが登場する

鳩を見て喜ぶ姿。子どもの目線の先に気づき、鳩も含めて撮影している

トラックを見ている後ろ姿。夢中になっていることが写真からも感じられる

日を追うことで
遊びのプロセスが見える（日吉台光幼稚園）

子どもたちが出演した音楽会のあとに空き箱とラップの芯を持ってきてドラムセットを作ることに。その後、バンドをやろうと子どもたち同士で話し合い、担当楽器も決めてクラス内で演奏を披露するところまでを、2日に渡ってまとめています。

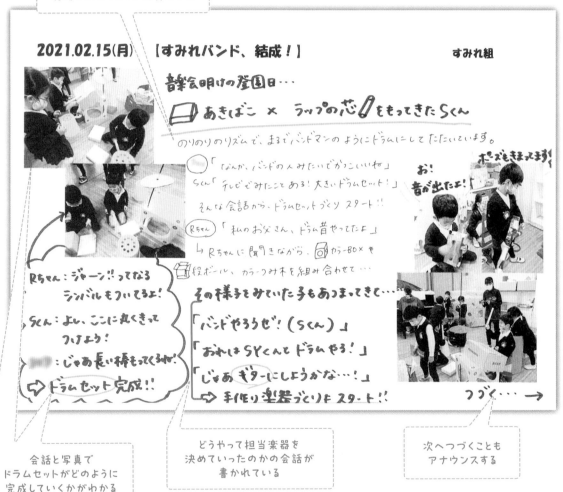

ほとんどが子どもたちの
会話の記録。
現場でのやりとりが想像できる

会話と写真で
ドラムセットがどのように
完成していくかがわかる

どうやって担当楽器を
決めていったのかの会話が
書かれている

次へつづくことも
アナウンスする

Good!

2日追ったことで
遊びのプロセスが見える

活動の様子を2回に続けて紹介している。空き箱を叩くところから始まり、楽器を作る、バンドを結成する、みんなの前で発表するという流れが見え、遊びのプロセスがわかる点がよい。

演奏している様子と
それを聞いている
子どもの様子がわかる写真

2021.2.18(木)「すみれバンド　その後」

それぞれの担当も決めて…
「よし、やってみよう！！」⇨ 初合わせ‼

手作りの楽器だけでなく、コンガや スティック・
音楽会で作った楽器の音を組み合わせて演奏していました。

♪かいじゅうのバラード
♪サラマンドラ

など、たくさん披露してくれました🌙

…み れ組

・ボーカル：Mちゃん
・ドラム
　Sちゃん・SYちゃん
・ギター
　Iちゃん・Aちゃん・Mちゃん
・たいこ Tちゃん
　でお送りします。

☆ 音楽会での経験が活きている！
・人前でうたったり、演奏したりすることを単純に"楽しい！嬉しい"と思えるのは、大きなあの舞台での経験があるからこそで、それが自信となっているからだろう。

・役割を決めたり、使用するものを決めていく中で感じられたのは、"本物志向"が強いこと。本物の楽器やマイクスタンド、ステージの形など、実際に見て肌で感じて、考えたという経験があるからできることなのではないか。

・うたや楽器など、自分の得意なこと、興味のあることをそれぞれ発揮できる場となっていることに驚き。集団となって、自分を表現できる仲間関係になっているのだと感じました。

2回目では保育者の考察をメインとしている。音楽会のことが活きている、子どもたちが本物志向であるなどの分析も書かれ、単にやったことの報告に終わっていない

ここがポイント

1日で終わらないドキュメンテーションからは、遊びのプロセスがよく見えます。空き箱を叩くところから発表まで、どのように子どもたちが考えて進めていったのか2枚のドキュメンテーションから十分に伝わってきます。保育者の分析も書かれ、報告に終わっていないところもいいですね。

保育室で見られた
何気ないやりとりを記録（白百合愛児園）

室内の遊びの時間の細やかなことも写真つきで紹介すれば、おもしろい記録になります。同じモノに出会ってもそれぞれ違う様子が見えてきます。複数の子どもを1枚のドキュメンテーションで紹介することもできます。

10月6日(木) こいぬぐみのすべり台であそんだよ！

よいしょ…

大きい木のすべり台に興味津々の子どもたち。

し〜

○○ちゃんも○○くんのまねっこ♡ 効果音付きです♡

しゅ〜

○○くんは効果音をつけながらすべり終えるとまた階段から並び直して何度もすべっていましたね

いひひ♡

着地すると大笑いの○○ちゃん すべって笑って…すべって笑って…くり返し楽しんでいました！

○○くんもすべり台をしゅーっとすべって遊んでいます。

たのしい〜♪

すべり終えるとまた最初からくり返し楽しんで とっても楽しそうな表情を浮かべていた○○くんです♪

いえーい！

○○ちゃんは階段をのぼったところで周りをキョロキョロ…

○○くんと目が合ってハイタッチ!! 2人ともニコニコでした☺

保育士が同じ車あった？と開くと…

○○くんは車の名前を言いながら指さしていました！ しゅ〜 しゅ〜しゅ！

壁に貼ってある写真とよ〜く見比べて同じ車を見つけました！

○○ちゃんもじーっと見比べて… 保育士に教えてくれました♡ あった〜

すべる前とすべっているときなど、2枚の写真を使って躍動的に

上の部分はすべり台の話、下はくらべっこをして同じものを探している様子。小さな話題のときには、複数の活動やできごとを組み合わせても

子どもの表情ではなく、目線や指を指している写真にすることで、見つけた様子が写真からよく伝わってくる

Good!
室内での
ちょっとしたできごとに
目を向けている

いつも目にする遊びにも注目。よく見ていくと同じすべり台遊びでも、みんな楽しみ方が違うことがわかる。効果音をつける、着地して笑う、友だちのマネをするなど、いろいろな様子が見られる。

ここがポイント

このような何気ない日常のできごとや保育者とのやりとりをドキュメンテーションで紹介してもらえるとうれしいです。日常の様子、子どもの考えていることが見えてくると、次は一緒にこうしようというアイデアも生まれてきます。

子どもが興味を持った事柄をシンプルに伝える（日吉台光幼稚園）

冬休みを終え、久しぶりの登園時に成長している球根の根を見て驚く子どもの様子を伝えた1枚です。成長に感激する姿だけでなく、なぜ日光が当たらないのに根が伸びるのかを疑問に思う様子も書かれています。

> 写真はどちらも子どもの表情ではなく、注目しているものを見ている様子。熱中していることが伝わる

> タイトルが子どもの発した言葉というところもおもしろい

2021. 01. 07 【球根のひげのびてるよ！】

すみれ組

3学期初日、元気に登園したAちゃんは「あけましておめでとうございます！」のあいさつの後、2学期にみんなで水をあげたヒヤシンスの球根を発見し、黒いフタをあけて見てみると…

うわぁ！！ひげがのびてる〜！！ → わくわくと発見の目！！

2学期よりもだいぶのびた根っこを見て、みんなビックリ！！その様子を見ていたRちゃん。近くにやってきて…

おひさまの光に当たってないのに、何でこんなにのびてるの？ → 子どものギモン？

たしかに！！上に植えて何か植物を育てるとき、"水と栄養とおひさまの光"が必要だとよく言っています。でも、このヒヤシンスは土もなければ黒い紙で囲って暗闇で…ここで「何で成長しているの？」と疑問を抱いたRちゃんの考える力、発見する力にとてもビックリしました！

（保育者）「土の中も根っこがのびてるんじゃない？」（R）「あ、土の中も暗いね」（A）「外のチューリップも見てくる！」と外のプランターも見に行きました。球根の成長の仕組みに気付くのでしょうか…！！今後も大切に育てていきたいですね^^

> 保育者がどのような言葉をかけているのか、そこからどんな答えが出てくるのかもわかる

ここがポイント

このようなことは、どこの園でもよくあるシーンではないでしょうか。このできごとにおもしろさを感じ、ドキュメンテーションで紹介したいと思えるようになれば、日々の保育が変わってきたということなのかもしれません。

子どもたちの探究を写真中心に紹介（白百合愛児園）

年齢が高くなってくると、子ども同士の関わり、つながりが遊びの中で広がり、深まります。探検隊を作って木の実を探す様子、危険生物隊を結成してパトロールをする様子が、それぞれ1枚の中にコンパクトにまとめられています。

始まりから終わりまで、写真の下にオレンジ色のラインを入れてある。ラインに沿って読み進めていくデザインもわかりやすい

ここで危険生物隊結成までのやりとりを2日分掲載。上部の青の部分が前日のやりとり

図鑑を持っていって調べていることや、給食の先生や園長先生への報告も紹介

木の実をジャムにしたいという子どもの思いも汲みつつ、安全に配慮して進めたいと次への活動につなげる一文も

下部の線の部分が翌日の様子。パトロールへ出かけてどんなものを見つけたのか、探しているときの様子がセリフつきでまとめてある

保育室に戻ってから見つけた生物を図鑑で調べて本を作成したことも紹介している

Good!
みんなで協力する姿を躍動的に

時間の流れに沿って、子どもたちの活動の様子がわかるドキュメンテーション。写真をたくさん使い、子どもの言葉をそのまま吹き出しに入れて、元気な姿が伝わってくる。

ここがポイント

子どもたちが自ら考えおもしろがっている様子が見えてきますね。単に生物を見つけたり、木の実を見つけた様子だけでなく、その後、子どもたちの活動がどうなったかというところが見えてくることが大切ですね。

ひとつのテーマから
保育が広がっていく様子を記録（あさひ第二保育園）

みかんをお風呂に入れられることを知った子どもたち。「やってみたい」と興味を持った
ことから、保育者が足湯を思いついて提案しました。1枚目では、絵本でみかんのことを
読んでいる姿、2枚目では足湯の様子がまとめられ、現場の楽しい空気が伝わってきます。

1枚目の写真部分では
月刊誌を見て、お風呂にみかんを
入れられることを知ったこと、
やってみたいと思うことがまとめられている

2枚目は足湯をするまでの準備から
足湯をしているとき、
その後の様子を写真で追っている

線の枠の文字は
状況の説明や
保育者の言葉

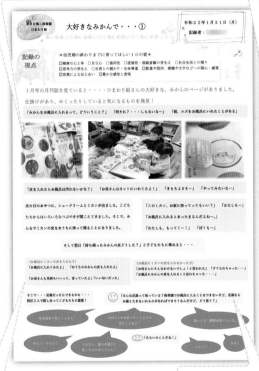

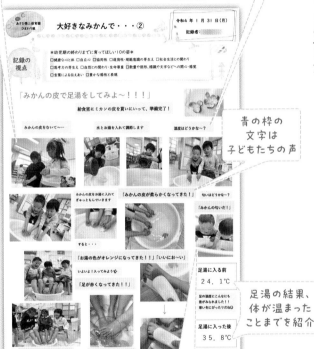

青の枠の
文字は
子どもたちの声

おやつに出たみかんの皮を
持ち帰り、家でお風呂に
入れた子、入れなかった子の話が、
子どもの言葉で書かれている

保育者がこれらの
発言を聞いて、足湯を
思いついたことが書かれ、
子どもたちに
足湯をやってみるのは
どう？と提案している

子どもの顔だけではなく、
みかんの皮の様子や
それを眺める様子も
写真におさめている

知識から体験への流れが見える

みかんをお風呂に入れられることを知ったところから、
実際に皮を使ってみんなで足湯をしようと試みるプロ
セスがわかりやすくまとめてある。足湯をみんなでやっ
た楽しさがあふれるドキュメンテーション。

子どもと対話を重ねながら、おもし
ろい活動が生まれたプロセスがよく
見えますね。子どもと共に考えてい
く大切さが伝わってきます。

小さい子どもの初めての出会いを取り上げる(ひまわりこども園)

散歩の途中で見つけた青いみかん。これを見つけた子どもの言葉からの活動のプロセスをドキュメンテーションにしています。低年齢の子どもたちにとっては青いみかんを味わうのは初めての体験。そのドキドキ感があふれる2枚です。

散歩で青いみかんを見つけ、それを「あけて」「むいて」とお願いするところから、包丁で切って一緒に香りを楽しむところ

Good!
初めての出会いがある年齢らしいドキュメンテーション

低年齢の子どもたちは、初めて体験することがたくさんあるので、そこは注目点になる。新しい味覚との出会いもそのひとつ。すっぱいものを初体験する子どものドキドキ感や困惑する姿がよく捉えられている。

ここがポイント

小さな子どもたちとも、対話の中でさまざまな活動が生まれてきます。子どものうったえていることにていねいに応じることで、豊かな学びの世界が広がりますね。その手助けを写真もしていることがよくわかります。

ちゅーりっぷグループ　　　　　　　　　　　2021年09月02年（木）

青蜜柑　パッカーン〜!

昨日のお散歩で見つけた青蜜柑

それを見つけて「あけて」「むいて」と言い始めた子ども達

それなので包丁で切ってみることにしました。

「パッカ〜〜〜ン！！！」

みずみずしい青蜜柑の匂いがあたり一面に漂います。「食べてみる?」と聞くと「うんうん」と頷きます。

小さくカットした青蜜柑をじーっと見つめ 口中へ・・・・

「すっぺーーー！！！」誰かが言いました。とても酸っぱい〜〜〜

すっぱい!

食べてすっぱいといって、顔を歪める子どもたちの表情が写真におさめられている

ちゅーりっぷグループ　　　　　　　　　　　　　　　　　　　2021年09月02年（木）

えーすっぱいの??食べるの止めようかな。

おいしい??　ぱくっ。「すっぺーーーー!!」

> すっぱいと思いながらも
> 手を出す子ども、
> やっぱりすっぱいと思う子どもなど、
> いろいろな気持ちで
> 青いみかんを味わっている
> 写真が並ぶ

そんなに酸っぱいのか。でも気になる。
食べようか、やめようか。少しなら平気かな。

やっぱりすっぱい!すっぱい!

でも、食べたら爽やかな香りで私、好きかもしれない。

昨日のお散歩で見つけた青蜜柑。最初は保育者が手で皮をこすって匂いを嗅いでいたのですが、その匂いの良さにどうしても食べてみたくなってしまったようです。「あけて」と催促をし、皮が固くむけなかったので包丁で切ってみることにしました。

> このドキュメンテーションの
> 全体の流れがわかる簡単な
> 説明をつけている。
> これくらいの文章だと読む方も
> サッと目が通せる

これらの見本からわかる
保育ドキュメンテーション作りのヒント

1 保育ドキュメンテーションは**特別なことだけを取り上げるものではない**

2 いつもの日常、いつもの保育の中にある小さなできごとを、**ていねいに見ることが保育ドキュメンテーションのポイントになる**

3 **年齢によって**保育ドキュメンテーションにまとめる内容は自然に変わってくる

4 いい写真があれば、**言葉がなくても十分にその場の雰囲気を感じられる**こともある

5 1日だけでなく、**数日間の活動をまとめる**こともある

保育実習と
保育ドキュメンテーションを結びつける

　保育実習を受け入れたときに、実習生が書く日誌。この日誌をドキュメンテーションの形で記録している園もあります。実習生が通う大学で決められたドキュメンテーションのフォーマットに従って作成する場合、受け入れ先の園で独自のフォーマットを作り、それに沿って学生に記入をしてもらう場合の2通りがあり、どちらの場合も写真が用いられることでこれまでの文章だけの日誌とは違った気づきが実習生に芽生え、日誌を確認する保育者の視点も変わってくるようです。

写真を中心に1日のできごとを振り返る保育日誌

表

A4サイズの紙1枚の両面を使って、記憶に残った場面の写真とともに子どもの様子をまとめています。上部には1日の流れを記入するスペースが用意されています。（日吉台光幼稚園）

実習生がそのときに感じたことは緑の枠をつけてまとめている。

ここには1日の流れが書いてある。

実習の記録は写真を入れて、当番を決めるときの具体的にどのようなやりとりが書かれている。

令和　2年　12月　2日（　水曜日）天候：曇りのち雨　配属：もも
出勤時刻：　8時　15分、退勤時刻：　17時　00分　担当：　　　　先生

時　間	内　　容
9:00	登園　お仕度
10:05	片付け
10:15	お当番相談（いちごりんごグループとしんかんせんみるくグループに分かれる）
	→子どもたちの思いやアイデアを引き出しながら、一人ひとりが納得できるまで相談を進めていた。
	この時期にお当番をやり始める理由として、「集団への慣れ」「他者を見ていく力が徐々に育ってきている」ことがあると教えていただいた。
11:20	おかえり　降園

実習の記録（特に留意して観察した事項または研究した事項をなるべく具体的に）

　昨日、赤と白それぞれのグループ名が決まった続きで、今日はお当番の順番を決めることになりました。「どんな順番でやろうか」と先生が問いかけると、「1、2、3、4…」と座っている順番で決めるのはどうかと提案する声が上がりました。相談を進めていくと、「背の順で決めるのもいいかも」「やりたい順番がある」「誕生日の順番は？」と徐々にアイデアが広がっていきました。
　多数決をしましたが、先生は少数派の意見にも耳を傾け「どうしてそれを選んだのか」を聞き、一人ひとりの思いをしっかり受け止めて、「そういう気持ちもあるね」と気持ちの橋渡しをしていました。そうして、それぞれの思いを整理していくと皆にやりたい順番がある（どこでもできる子もいました）ことが分かり、皆が納得して「やりたい順番で決める」ことにしました。

「何番にしたい！」という思いを伝えたい気持ちが前に出すぎて、身体も自然と前に集まっているのではないかと感じました。

お当番相談

そのような思いを理解しつつも、話を聞く姿勢や意見を言う姿勢について柔らかく伝え、子どもたちが「はっ」と姿勢を正す様子もありました。

自分の思いだけを叶えようとしたり、自分だけ決まったら後は知らんぷり、とならないように子どもたちに問いかけ、考えさせている場面が印象的でした。他者の思いも知り、他者を思いやる力は生きていく上でとても大切だと思います。こうした集団での活動の経験を通して社会性を身に付けていくのだと感じました。

オレンジの枠の中はそのときの様子を後から振り返り、意見を書いている。

保育者養成校の学生を受け入れて、子どもたちと接したり業務を経験したりする保育実習。この学生の受け入れで、多くの場合学生が実習を振り返り、学びのために書いているのが「実習日誌」です。この実習日誌もドキュメンテーションと結びつけると、園の通常の保育の中でもヒントになることがあります。

裏

裏面は遊びの様子を細かく記録しています。

友達と遊ぶ中で

　すみれの保育室の端で一人、道路づくりに熱中していたAくん。テープを器用に駆使していました。横断歩道やトンネルも作ってあり、表現度も高くて驚きました。

　そこにRくんが加わると、まずRくんはAくんが持ってきたバスやトラックの乗り物に興味を示し、Aくんは自慢げに説明し始めました。Rくんもうんうんと真剣に説明を聞き、次に「ここは何?」と横断歩道を指さすと、伝えたいと思ったのか、同じものを作ってみたいと思ったのか、黄緑と黒のテープをトンネルの前に付けていきました。私は、Aくんが一人で作っていたものだったのでAくんが嫌な思いをしないかと考えました。しかし、Aくんは少しの間その様子を見ていましたが何も言うことなく作業を進めていて、素敵さと心の広さのようなものを感じました。しばらくして、横断歩道ができるとRくんは、「ここが信号機だよ」と言いましたが、そこではAくん「ううん、信号ない横断歩道もあるでしょ?だからそこはないんだよ」と訂正しました。ここで、私はAくんに自分のイメージする完成図がしっかりとあることに気づきました。黄緑と黒で作られた横断歩道に何も言わなかったのは、それも良いかな、と思っただけでありこだわりがないわけではなかったと考えると、子どもの理解の複雑さと難しさを思いました。

　Aくんが先に作っていたことに配慮してかRくんも素直にそれに従い「あ〜そうなんだ」と受け入れていました。その後も2人でイメージを言葉で補い合いながら遊びを進めていく姿から、他者を考えながら一緒に遊ぶ楽しさを感じているのではないかと考えました。友達と遊ぶ中で、言葉で伝えあう力が育ち、また、共に表現することに喜びを感じていくといった社会性が身についていくのではないかと考えました。

反省・明日の課題

　子どもが何故そういう行動・発言をするのかということについて、より広く想像力を働かせる必要があったと反省点が見つかりました。子ども自身、なぜ自分がその活動をやりたくないのか言葉でうまく表現できなかった場合には、大人がそれを言葉にしてあげることで子どものモヤモヤとした不安や心配が少し和らぐと思います。反省会や先生方とお話する中で、改めて子ども理解と寄り添っていくことの重要性を感じました。ただ、自分の中で寄り添うことと甘やかすことの基準が出来上がっておらず、先生と実習生という子どもたちとの関係性の差をあるため、実習を重ねていく中で、その答えを見つけていきたいと思いました。

担任指導欄

指導教諭印

実習生が想像していることは緑色の文字で、強調したい部分は赤字で書かれている。

を示し、Aくんは自慢げに説明し始めました。Rくんもうんうんと真剣に説明を聞き、次に「ここは何?」と横断歩道を指さすと、伝えたいと思ったのか、同じものを作ってみたいと思ったのか、黄緑と黒のテープをトンネルの前に付けていきました。私は、Aくんが一人で作っていたものだったのでAくんが嫌な思いをしないかと考えました。しかし、Aくんは少しの間その様子

「あ〜そうなんだ」と受け入れていました。その後も2人でイメージを言葉で補い合いながら遊びを進めていく姿から、他者を考えながら一緒に遊ぶ楽しさを感じているのではないかと考えました。友達と遊ぶ中で、言葉で伝えあう力が育ち、また、共に表現することに喜びを感じていくといった社会性が身についていくのではないかと考えました。

反省と明日の課題をまとめる欄は別に用意してある。

日吉台光幼稚園 副園長先生の話

多くの実習生は時系列で日誌を書いているので、それに見慣れていましたが、このドキュメンテーションの形をとった日誌は、私たちにもさまざまな気づきが生まれるものになりました。これまでは実習生に指導をするように日誌をチェックしていましたが、この形になることで実習生との会話が広がり、子どもへの関わり方やそのときに感じたことなどを聞いて、お互いに意見を交換するような機会が生まれるようになりました。

アドバイス

写真を使い、パソコンで実習日誌を書くことで、時間にも余裕が生まれています。先生と実習生の対話も増えます。学生にとってだけでなく、園にもよい効果があるというのがうれしいですね。

1枚の写真から子どもと自分の保育について
振り返る保育日誌

A4サイズの紙1枚に写真を貼って、①から⑩の項目を記入するフォーマットを作って使っています。なぜこの写真を撮ったのか、どんな会話をしていたのか、自分はどんな関わり方をしたのか、写真の子どもの気持ちなどのようなものか、などといった質問に答えていくことで日誌が完成します。（ひまわりこども園）

①～⑩を記録する ─────

《保育実習》子どもの姿を捉えよう
今日の子どもの写真を貼りましょう。 名前（　　　　　） 配置クラス（　　　　　）

ここに写真を貼る

令和　年 　月　日（　） 時間　　　頃	①この写真を選んだ理由は？	②何をしているとき？	③どんな道具を使っていましたか？
	④どんな言葉や会話を聞きましたか？	⑤どのくらいの時間これをしていましたか？	⑥子どもは何を楽しんでいましたか？	⑦そこはどんな環境でしたか？
	⑧その時自分（または保育者）はどんな関わりをしましたか？	⑨この写真の子どもはどんな気持ちですか？	⑩感じたことを自由に書いてください。

※主幹に提出をしてください。

ひまわりこども園　実習

ひまわりこども園
主幹教諭の話

オリジナルのフォーマットを作り、従来のような時系列の日誌ではなく、写真をつけたドキュメンテーションの形の日誌を書いてもらっています。子どもの会話や心のつぶやきを聞いたり、子どもの心を動きを感じられる写真を撮ったりするためには、子どもをよく見ることが必要になります。実習生の頃からこのような日誌を書くことで、子どもを見るポイントを覚えてほしいと思います。

アドバイス

1枚の写真からじっくり考える機会を作ると、学生の学びもより深まってきます。この記入用紙の問いかけは、ドキュメンテーション作りのヒントになりそうですね。

2章

保育ドキュメンテーションの
活かし方

保育ドキュメンテーションの活かし方

活かし方

1 対話を広げるツールになる

保護者や子どもとのやりとり、そして保育者同士での会話や意見交換にドキュメンテーションが大活躍します。写真がついた記録は状況がよく伝わることから、言葉だけでできごとを伝える以上に、対話が始まり、広げる力があります。

子どもとの
対話のツールに!

活かし方

2 保育の振り返りに活用できる

ドキュメンテーションを作り、日々の活動の様子をまとめることで、子どもへの気づきが増えます。また、ドキュメンテーションを作りながら、もしくは見ながら、ほかの保育者と話をすることで、自分の保育を振り返るきっかけにつながります。

そのときの様子を
思い出し、振り返る!

2章では完成した保育ドキュメンテーションの活用方法を取り上げます。保育ドキュメンテーションは作って終わりではなく、作ったものを保育の日常に活かしていくことが大切です。序章で紹介した「保育ドキュメンテーションのいいこと」（12ページ参照）が、日々の保育で活用するときのポイントです。具体的な活かし方について、現場での例を交えて紹介します。

3 業務の軽減・時間短縮につながる

ドキュメンテーションを従来の記録に代えるとともに保育計画とも結びつけることで、今まで別々に作っていた記録や計画をまとめることができるようになります。さらにICT化をすることで業務の軽減になったり、時間短縮へとつながることもあります。

ドキュメンテーションが
保育計画につながる！

4 一人一人の意識・園の変化へ

ドキュメンテーションを作ることで、自分の保育を振り返ることが増えると、子どもの理解や保育に対する意識が変わってきます。そこから保育に対する気持ちが変化し、自然に創意工夫が生まれることで園全体が変化するようになります。

園に新しいやり方が
プラスされる！

コミュニケーションツールになる

保育ドキュメンテーションは、コミュニケーションを豊かにする力を持っています。保護者、子ども、そして保育者の間で保育ドキュメンテーションを介してさまざまな対話が生まれることで、生じたできごとに共感しあったり、お互いを尊重したりする機会が増えます。そこから相互理解を深めることにつながり、よい関係性も生まれてきます。

（保護者）× 保育ドキュメンテーション

見て・読んでもらい、子どもへの理解を深め合う

　多くの園では、ドキュメンテーションを園の玄関や、保育室の前などに貼ったり、ファイリングして置いたりしています。お迎えにきた保護者は入り口や保育室の前でドキュメンテーションに目を通します。子どもと一緒に見ながらそのときの様子を聞いたりする姿も見られます。

　また、園に迎えにきた保護者にドキュメンテーションを回して読んでもらう園もあります。幼稚園ではお迎えが同じ時間になることが多いので、保護者同士が一緒にドキュメンテーションを見て会話が弾むこともあります。最近は、ICTを利用して配信し、手元のスマホなどで見られるようにしている場合もあります。

アドバイス

ドキュメンテーションに、子どもたちの興味・関心を持っていることが描かれると、保護者の子どもについての理解、保育についての理解が変わってきますね。家庭でもそのような子どもの学びや育ちの姿が見えるようになることで、子どもとの過ごし方が豊かになったことを保護者から教えてもらうこともあります。家庭と保育の場との関係が、子どもを真ん中によりよくなっていくきっかけのひとつが、ドキュメンテーションですね。

・・・・・・ こんな変化が起こります！ ・・・・・・

ドキュメンテーションを見てもらうことで園での子どもたちの様子が保護者に伝わりやすくなりました。また、会話のきっかけにもなり、保護者と話をする機会や時間が増えました。

多くの保護者から「ドキュメンテーションを作ってもらってよかった」という言葉をもらっています。また、ドキュメンテーションで紹介した内容に関連することが家庭で起こると、それを話してくださったり連絡帳に書いてくださり、さらに学びが広がるうれしさ、手応えがあります。

ドキュメンテーションを見てもらうことで、子どもたちの日々の姿や成長を伝えて、知ってもらおうと考えています。さまざまな様子を紹介することで、我が子だけではなく、ほかの子どもの成長も見守ってくださっていると感じています。クラスの子どもたち全体を知ってもらえるようになり、トラブルも少なくなったと思います。

保護者の声を聞いてみると
さらに広がるきっかけにも

ドキュメンテーションに対する保護者の反応をもっと知ってみたいと思ったら、アンケートをとってみるのもひとつの方法です。時間がなくてじっくり話ができない場合や、直接意見を聞きにくい場合には年に1、2度アンケートをとると保護者の考えや思いをつかみやすくなります。

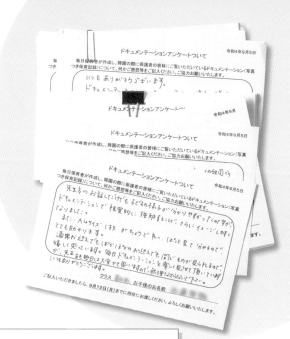

保護者の意見

> 写真つきの保育記録、毎回ありがとうございます。楽しみに拝見させてもらっています。
> 園からの帰り道「今日はこんなことの写真を見たよ」と言うと、息子もそれをキッカケにいろいろ思い出して、園での楽しかったことなどを教えてくれるので、とてもうれしいです。

> 子どもの様子がとてもわかりやすく伝わるのでいいです！！
> 延長保育を利用しているため、担任の先生から直接今日のできごとを毎日聞けるわけではないので、ドキュメンテーションをいつも楽しみにしています。

> 先生方のお話だけでも子どもの様子がわかりやすかったのですが、ドキュメンテーションで視覚的に理解することで、さらにイメージしやすくなりました。
> またA4サイズ1枚がちょうどよく、パッと見てわかるのでとても助かります。

アドバイス

ドキュメンテーションは、保護者が、園での子どもたちの様子に共感し、理解するきっかけになっていますね。保護者会で、一緒にドキュメンテーションをめぐって語り合ったり、ドキュメンテーションの近くにふせんを置いておいて、感想を貼ってもらう試みも伺ったことがあります。子どものこと、子どもの育ちと学びの豊かな世界を、保護者とともに語り合い、ともに考えていく機会は本当に大切ですね。

保護者向けの掲示例

掲示やファイリングの場所や方法を工夫して、保護者に目にしてもらう機会を作ることも大切です。どこに掲示をするといいのか、どのようにすると見てもらいやすいのかを考えて掲示をしましょう。

掲示場所 ▶▶▶ **玄関入ってすぐの壁**

毎日作っているドキュメンテーションを貼り替えている。

月に何度か出しているドキュメンテーションを貼っている。上から新しいものを重ねて貼っていくことで以前のものを見ることもできる。

ファイル 毎日作るドキュメンテーションを貼り替えるときに古いものをファイリングする（毎日作るドキュメンテーションを「コラージュ」と呼んで月に何回か発行するドキュメンテーションと区別しています）。(あさひ第二保育園)

手にとって自由に開いて見ることができる。

乳児のドキュメンテーションは個人別に作っているので掲示も名前をつけて個々に行う。1枚に2日分を掲載することが多い。(白百合愛児園)

掲示場所 ▶▶▶ **園舎入り口に可動式の
パーテーションを使って**

毎日作っているドキュメンテーションを掲示している。

壁がない場所ではパーテーションを設置して掲示スペースに。棚がついているとファイルを置くこともできる。(あさひ第二保育園)

反対側には1週間など、長期の期間で作るドキュメンテーションを掲示している。

掲示場所　▶▶▶ **玄関に制作物と組み合わせて**

作品も
一緒に！

園の玄関の掲示スペースに子ども
が作った制作物と一緒にドキュメ
ンテーションを掲示。どんぐりな
どを拾いにいき、作品になるまで
の過程とともに、できあがった作
品が見られる。(白百合愛児園)

こんなアイデアも!

スケッチブックを使ってみせる

過去にはスケッチブックを
使ってドキュメンテーショ
ンを作り、それを玄関に置
いて自由に見られるように
していた。(日吉台光幼稚園)

 **×保育ドキュメンテーション**

子どもたちも関心を持って見る!

ドキュメンテーションは大人だけが見るものではなく、子どもも一緒に見たり、語り合ったりして、共に楽しむものでもあります。完成したら保育室などに貼っておくと、そこから自然と会話が生まれ、子どもたちの興味がさらに広がることもあります。

子どもとの間にこんなことが起こります！ ●●●●●●●●

1歳の子どもも、ドキュメンテーションを貼っておくと、自分の写っている写真を指差してくれることがあります。また、お友だちの写真を見つけてうれしそうに教えてくれることもあり、写真の力を感じています。

掲示をしているものをじっくり何度も見ています。そして私たちが一緒に見ると、そのときの様子を話してくれたり、もっとこういうことをやってみたいと思っていることを具体的に伝えてくれたりします。

子どもからの
こんな発信も!

大人もそうですが、写真を見ることで、実際にやったことを思い出しやすくなるように思います。忘れてしまっていたことをリアルに思い出すので、話が広がり、子どもとの会話も弾みます。

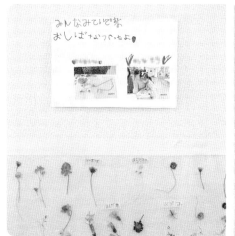

子どもが自分たちでドキュメンテーションを作った。みんなに見てほしいので、廊下に掲示をしたいということから、目につく場所に押し花と一緒に貼った。日頃見ているドキュメンテーションのように写真をうまく使って制作の様子がまとめられている。(白百合愛児園)

子どもに向けた掲示例

子どもが読めるようにドキュメンテーションを掲示することで興味を持って見ます。単にできあがったものだけを貼るのではなく、活動のプロセスと合わせた掲示も有効です。掲示の例をとりあげます。

絵本も一緒に掲示する

▼

おにぎりを作って食べたことをまとめたドキュメンテーション。絵本を見たことがきっかけでおにぎり作りへと活動が広がったことから絵本も一緒に掲示している。(ひまわりこども園)

子どもの目線の位置に貼る

▼

高い位置ではなく、子どもが見やすい目線の位置に掲示することで、自然と目につきやすくなる。(あさひ第二保育園)

子どもの身近なところにファイルを置く

▶▶▶

保育室にファイリングしたドキュメンテーションを置いておくと、子どもたちが絵本と同じように手に取って見るようになる。(白百合愛児園・ひまわりこども園)

成果物と一緒に掲示する

▼

保育室の入口にひまわりの種と一緒に成長の過程を追ったドキュメンテーションを掲示。ドキュメンテーションではタネから花が咲くまでの過程をまとめ、実際に収穫できた種を掲示している。（あさひ第二保育園）

ふせんを使ってセリフを付ける

▼

写真だけを貼った紙に後から吹き出し型のふせんを貼って、子どものセリフを入れている。ふせんを使うことで文字が大きく見えて読みやすい。（日吉台光幼稚園）

このように立てておいてもよい

保育者 × 保育ドキュメンテーション

1枚の保育ドキュメンテーションから会話が生まれる

完成したドキュメンテーションを見て、子どもや保育についてお互いの思っていることを話すことで、子ども理解、保育の理解を深めることができます。また今後の活動について一緒に考える機会も生まれます。このように保育者同士の対話の機会が増えることもドキュメンテーションが持つ力です。忙しい日々にあっても、1枚のドキュメンテーションからコミュニケーションが広がり、保育の質の向上につながりますね。

•••••• 保育者同士でこんな変化が起こります！ ••••••

できあがったドキュメンテーションを見てもらうときに、その日の様子を話します。写真があることで説明もしやすく、具体的な話ができます。聞いてもらった先生からも「これはどうなったの」などと質問をもらうこともあり、話が膨らみます。

ドキュメンテーションを見て、「このときの子どもの考えはこうだったと思う」などと、意見を伝えると、ほかの先生からは「こういう見方もあるね」などと、自分の視点とは違う意見を聞くことがあり、ドキュメンテーションのおもしろさを感じます。

ほかの先生の作ったものを見て参考にしています。また、「こうすると見やすいよ」といったアドバイスをもらうこともあります。なかなか接点のない先生とも、話をする機会が生まれます。

アドバイス

ドキュメンテーションを作るときにも、さまざまな視点を活かし合うことで、多様な見方が加わり、保育の振り返り、そして次の日の活動計画にもつながります。

アドバイス

子どものことをどのように見ているか、保育者それぞれが考えていることを話し合える機会はとても大切ですね。ドキュメンテーションが子どもをめぐる対話を豊かにしてくれます。

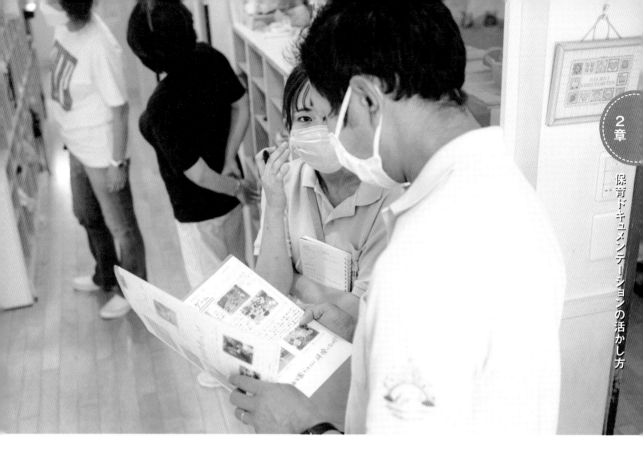

ドキュンメーションを作るときにも
コミュニケーションが生まれます!

保育中にメモを取る担当の保育者から活動中の子どもの様子や発言を聞いて、ドキュメンテーションを作っている。自分だけでは気づけなかったことを聞き、写真に吹き出しや説明をつけている。(日吉台光幼稚園)

運動会の活動のメモで、そのときの子どもたちの様子を伝えている。どんな動きをしていたのかなど個々の細かい様子が書かれている。

保育ドキュメンテーションや写真を使って保育者同士で話をしてみよう!

その1
保育ドキュメンテーションを紹介しあう

園の中で、作ったドキュメンテーションを紹介しあいます。クラスの様子などをドキュメンテーションを見ながら話すことで、ほかのクラスの様子を聞くことができます。また、ほかの保育者からは、こういうことをおもしろがっているなら、こんなふうにつながるよね、こんなモノを用意してみようか、というような話が出てくることもあります。まずは、作ったものを見せあって、お互いに話をすると、ドキュメンテーションを作るときの視点が深まります。

その2
1枚の写真を見て話をする

1枚の写真を見ながらみんなで考えてみるというやり方をフォトカンファレンスといいます。写真から読み取れる情報はいろいろあり、

①なぜその場面を撮影したのか
②写っている子どもがどんなことを感じているのか
③どんなことを考えているのか

を自由に表現してみましょう。オノマトペなども使ってみるとよいですね。そうすることで、子どもの世界が見えてきて、写真にどんな説明をつけるといいのか、タイトルをどうつけるといいのかも見えてくるようになり、ドキュメンテーションをより作りやすくなります。1枚の写真を見て、みんなでじっくり考えることで写真の撮り方も変わってきます。

完成した保育ドキュメンテーションや1枚の写真を見ながら
保育者同士で振り返りを行うと、よりよい保育ドキュメンテーション作り、
そして保育の質の向上につながります。その際のポイントを紹介します。
この日常のプロセスが保育の質を高める研修にもなっていきます。

その3

保育ドキュメンテーションを
保育計画につなげる

その1、その2がスムーズになってきたら、次は保育計画につながるような話をドキュメンテーションを見ながらしてみましょう。「こんなことを味わっているから、こんなこともおもしろいかも」「〇〇を用意してみようか」ということを考えることが、保育計画につながっていきます。

その4

長いスパンで振り返る

溜まってきた記録を繋いで振り返ってみる機会も大切です。日々、作ったドキュメンテーションで、一時的な記録が溜まっていきます。その記録を1カ月、半年、1年など長いスパンで振り返ると、子どもたちがどんな経験をしてきたかが見えてきます。大きな流れをつかむことができると子どもの育ちや学びのプロセスの理解を深め、活動の豊かさを実感することができます。

1か月たつとこんな風に変わってきたわ

保育ドキュメンテーションで コミュニケーション!!

できあがった保育ドキュメンテーションを囲んで、自分の思っていること、
感じていることを伝え合う時間を設けてみましょう。
できあがったものを評価することではなく、保育ドキュメンテーションを見て
思うこと、感じることを語り合うことが大切で、
保育の質の向上やドキュメンテーションの活用の広がりにつながります。

ディスカッションの様子を紹介

ディスカッションの記録

● クラス　日吉台光幼稚園　年少クラス

● ドキュメンテーションのテーマ
保育室の網戸に虫がやってきた

● ドキュメンテーションの内容
保育室の網戸に虫がやってきました。
ベランダに虫が移動すると子どもたち
も移動。プリンのカップで虫を捕まえ
てテープでカップを固定することに。し
かし、みんなで相談を始めて……。

9/6 お部屋の網戸に虫がやってきたのを発見!!

ベランダに移動！
プリンカップをわたすと…捕まえちゃった！
テープで固定することにしました。

なにかを相談しているようです！
逃がすことに！

お部屋の中があつい！！って
虫さんが言ってる！

のぞいてみると…
トラックの運転手さんを発見！

ベランダではいろいろな
出会いが々々

しばらく観察…！

ドーナツは
好きじゃない
みたい…

ばいばい！

クラスでのできごとをほかの保育者と共有することで新たな発見がある

A先生（担任）

午前中の好きな遊びの時間に網戸に虫がいることに気づいて「先生、虫がいる！」と大騒ぎになりました。網戸を開けると虫が飛び、ベランダの柵につきました。子どもたちもベランダに出ると、1人の子が以前、年長さんが捕まえた虫をプリンカップへ入れていたことを思い出し、「プリンカップが欲しい」とお願いされました。

B先生

なるほど！　年少さん、お兄さんのやったことを覚えていたんだね。おもしろい！

C先生

年長さんだったら、絶対手で捕まえにいくかな！？

A先生

そうですよね。その後、柵にとまった虫にプリンカップをかぶせて、しばらくその様子を「動いてる」とか「なんて虫だろう」と言いながら観察していました。虫を見つけるまでは、おままごとで盛り上がっていたので、そのおもちゃを使って「何のごはんが好きなのかな？」と、おもちゃのドーナツを持っていき、近づけても動かないから「これは好きではない！」と話をしていました。

D先生

年中さんだったら図鑑なども見るし、「この虫は何を食べる」って話になりそうだけれど、年少さんなので、お部屋にあるもので食べられそうなものをあげてみようという話になったのかも。

C先生

確かにそうですね。年少さんらしくて、ファンタジーな感じがある！

Point

年少さんのできごとを、年中、年長の先生と写真を見ながら共有することで、年齢による反応の違いのおもしろさや視点の変化に気がつくことがあります。こういった振り返りは、日々の保育に生かしていくことができます。

動きを追う写真があることで、子どもの行動の過程を見ることができる

A先生

その後、おままごとをベランダでやりたいというので、マットを敷いて環境を変えました。しばらくすると、「虫さん、お部屋が暑い」と言っていると、私に子どもたちが伝えにきました。このままカップをかぶせておいたら弱ってしまうので、年少さんはそこにどうやって気づくかな、どう切り出そうかなと考えていました。すると、子どもたちからそういった声が上がって、みんなで逃すことになりました。

D先生

ここに書いてある、「何かを相談しているようです」というのが、お部屋の中が暑いから逃してあげようよという話をしていたということですか？

A先生

そうだと思います。保育室にいる子どもの方も見ていたので、そこの過程が聞けなかったのですが、それを聞けたらおもしろかっただろうなと思います。

E先生

みんなで逃がすことに決めたというのがすごいですね。

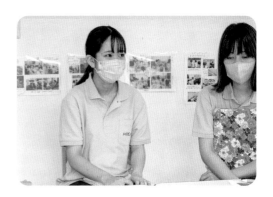

Point ----------------------------------

虫を捕まえた→カップをかぶせた→部屋が暑くてどうしようと悩み始めた→逃がした、という過程が写真で見えることで、子どもたちの考え方や、その行動に至るまでの過程が記録でき、ほかの保育者にも共有することができます。

子どもたちと外部とのつながりにも新たな気づきを見いだせる

A先生

下の部分は、配達のトラックがやってきた日のことです。ベランダから外を見ていると、配達の人が気づいてくれて「こんにちは」と声をかけてくれました。日頃から年少さんは、ベランダが大好きなんです。このドキュメンテーションを作ったことで思ったことは、ベランダは幼稚園の一部でもあるけれど、外の世界とも繋がっている場所なので、いろんな出会いがある場所だなということです。

B先生

確かに、ベランダは私も去年1年間で、いろいろなきっかけになった場所でした。ベラン

ダにいる時間が多くて、遊びもですが、空を見て「お月さまが見えた」とか「何か音がした」といった話もしました。ベランダはみんなで外のことを共有できる空間でもありますね。

F先生

園庭とは違う感じがするのかな？

A先生

ベランダは2階にあって見下ろせる視点が、子どもからすると同じ植物とかも違って見えたりして、おもしろさを感じるのかもしれません。

B先生

年少の保育室の横にあるからこそ、年少さんだけがのびのびと遊べる空間なんですよね。園庭だと大きな子もいるので、圧倒されて帰ってきてしまったりするけれど、ここだと安心して遊べるのかなと思います。私が年少さんの担任をしているときにはそう思っていました。

A先生

そうですね。今はまだお部屋とベランダで遊ぶことが多いですね。今日は久しぶりに園庭で遊びましたが、「今日もベランダがいい」っていうので、安心感はあるのだと思います。

Point -

子どもの様子に注目して、見逃してしまいがちな園の環境や遊ぶ場所について、写真を撮り、振り返ることでより意識するようになり、新しい気づきが生まれることがあります。こういった気づきは、環境や保育の内容を向上させるきっかけにつながります。

- - - - - - - - - - - **終わりに** - - - - - - - - - - -

D先生

アットホームな幼稚園なので、比較的ほかのクラスのこととかが見えていると思うけれど、こうやってドキュメンテーションを見て話をすると、「ああ、そうなんだ」と気づかされることが多いですね。

C先生

違う視点で見た意見を聞くと、ヒントをもらえますね。今度、こうしてみようなどと考えるようになります。

E先生

話だけでなく、写真があるのがいいですね。ただ話を聞いだだけでは、こんな風に話に広がりはないのかなとも思います。

A先生

話をする側も内容が整理されて、過程を順番に思い出しながら話すことができます。少し前の話でも写真があると鮮明にさまざまなことを思い出せるので、「振り返る」という部分でも、文章だけの記録よりも写真がある方がいいなと思っています。

- - - - - **まとめ** - - - - -

1枚のドキュメンテーションで豊かな話ができました。話をするときに写真があることは、記憶が鮮明になったり、そのときの様子が伝わりやすかったりと、園全体で共有しやすくなります。

活かし方 2 気づきが増え、保育の振り返りや活動を広げることに活用できる

子どもたちの発言が活動へとつながった様子を保育ドキュメンテーションに

園で行った夏祭りにかき氷やさんが出ていました。かき氷を食べた子どもたちは、夏祭りが終わると「違う食べ物を作って売りたい」と提案。その発言をきっかけに徐々に活動が大きく広がっていきました。（ひまわりこども園）

7月に行われた夏祭りの様子。この夏祭りを子どもたちが経験し、作りたいものを提案するきっかけになった。

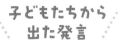

ぞう組 　　　　　　　　　　　　　　2022年08月23日（火

朝から学童児が準備を始めるとぞう組のみんなもソワソワ。「お姉さん可愛い」「似合ってる」「ジュースあるの？」と話しかけます。お祭りに行く準備も万端！何度も廊下から覗くぞう組さん。お祭りでは学童児が手を引いてコーナーの案内や説明など、優しく声を掛けながら一緒に回ってくれました。全部のコーナーを回り終わると「ばいばい。ありがとう」と手を振り、良い表情でお部屋に戻って来たぞう組の子どもたちでした(^^)

子どもたちから出た発言

1 屋台の食べ物を作りたい

2 屋台も作ってみたい

3 お祭り以外のお店のもの、フラッペも作ってみたい

4 キッチンカウンターも作ってみたい

お買い物

「まずはネジのコーナーに行こう！」「ネジ、ネジ…どこだぁ？」

「あったよ！」「これと、これと、これ」「数は合ってるかな？」「あっ！まだ足りてない」

「次は何かな？」「次は〝きのいた〟木はどこだ？」

発見！「次はペンキ！」「私、もうあるとこ知ってるよ」

保育ドキュメンテーション作りに慣れてくると、その日の様子や
やったことの淡々とした報告から脱皮し、もっと「子どもの魅力」が見えてくる
記録になっていきます。そして、これまで見逃しがちだったことが見え、
子どもたちと一緒に「こうしよう」と考えるようにもなっていきます。

夏祭りを経験して、子どもたちから提案が出た！

'う組　　　　　　　　　　　　　　　　　　　　　　2022年08月23日（火）

お買い物

子どもたちと制作に必要な材料を調べると、園にはないものがあることがわかり、園長に相談。買い物に行くところから制作がスタートすることに。園のバスに乗って100円ショップとホームセンターへ。みんなで相談をしながら材料を選んでいく。

POINT

活動のきっかけから記録をすることで、活動の目的を明確にでき、次の活動の内容を考えやすくなる。子どもたちと一緒に考えながら進んでいる様子がよくわかる。

制作過程も写真を撮り、何をどう行ったかをていねいに記録

キッチンカウンターの材料を買うホームセンターには、作り方の動画を見て、設計図を書いて出かけた。ペンキの色もみんなで相談して選んだ。フラッペ作りはお店で働いているクラスのお母さんに見てもらって意見を聞いていた。

POINT

日々、一緒に制作をして、その様子を写真を撮って追っていくと、次々に出てくる子どもたちの意見を大切にして、実現するにはどうするかを一緒に考えていくことが見える。

制作物も展示することで保護者にも共有できる

みんなで作ったフラッペも保育室に展示してある。

作り方をみて、設計図を書き、材料を買いにいったキッチンカウンター。まだ途中なので、これから完成に向けてみんなで制作を続けていく。

POINT

制作物のみを展示するより、制作過程が分かるドキュメンテーションと合わせて掲示することで、より活動の内容を共有しやすくなる。

まとめたドキュメンテーションは
子どもたちと共有し振り返りや意見交換のツールに

みんなで制作をしたときの様子をまとめたドキュメンテーションがクラスの入り口に掲示され、子どもたちも自分で見ることができる。

POINT

「あのときはこうだったね」と話すことで、完成までの道筋を一緒に振り返ることもできる。

▌ 担任の先生の話

　今回の制作は、夏祭り後の会話から始まった活動でした。これまでも制作の様子をドキュメンテーションにまとめたりする中で、やりたいことがどんどん出てくるクラスだということもわかってきました。今回は大きな活動へと広がっていきそうだったので、記録しながらどう寄り添えるか、実現してあげられるかを考えました。キッチンカウンター作りにまで広げられたのは、子どもの思いと周りの協力があってのことだと思います。

　子どもたちの制作に対する向き合い方も、日々を重ねるごとに変わっていきました。キッチンカウンターの設計図もそうですが、動画を見たり、図鑑を見たりしながら、ものの構造を想像しながら作る様子が見られます。子どもたちが「こうしたらできるかな？」と想像しながら、試行錯誤をする過程にていねいに寄り添うことを心がけています。子どもたちがやりたいことに保育者が応じることで、本物に近いリアルさを表現するようになるのかなと思っています。日々、ドキュメンテーションを作ることで、子どもの思っていることなどに気づけたり、ドキュメンテーションを見て、振り返ることで次の活動へと結びつけられていると感じています。

10の姿とつなげたドキュメンテーション

10の姿とは幼児期の終了までに育みたい姿や能力。保育の5領域を10個の視点からとらえています。この10の姿をドキュメンテーションに取り入れることで、子どもの姿がもっと見えてくることもあります。10の姿をとおして見出してみることで子どもの育ちを見つめ、豊かな活動が展開される工夫に役立つことがあります。

1 健康な体と心

2 自立心

3 協同性

4 道徳性・規範意識の芽生え

5 社会生活との関わり

10の姿とは

6 思考力の芽生え

7 自然との関わり・生命尊重

8 数量・図形、文字などへの関心・感覚

9 言葉による伝え合い

10 豊かな感性と表現

アドバイス

10の姿は毎日でなくても学期を振り返ったりするときに考えてみるのもいいですね。

☑10の姿を使ってチェックができるフォーマット入り!

記録の視点

＊幼児期の終わりまでに育ってほしい10の姿＊

□健康な心と体　□自立心　□協同性　□道徳性・規範意識の芽生え　□社会生活との関わり

□思考力の芽生え　□自然との関わり・生命尊重　□数量や図形、標識や文字などへの関心・感覚

□言葉による伝えあい　□豊かな感性と表現

秋のバーベキュー

木の枝に
葉っぱを刺して
お肉にした
ところからスタート

何を
作ったの？

お肉だよ！

このお花は
火だよ！

次に花びらを
火に見立てると、
お肉を焼く
場所を作ることに

みてみて！

焼く所を
作ろうよ！

よく焼いて！

いただきます

1人の子どもから周りの子ども
が様々なアイデアを出して
バーベキューといった
発想に行き着いた子ども達。
枝や葉っぱ、花びらなどを物
に見立てて遊ぶ姿に感心
させられました。

みんなで植物などの
身近なものを使って
BBQ遊びにつながりました！

年中（4歳児）の子どもたちの外遊びのドキュメンテーション。アイデアがどんどん膨らみ、バーベキューが始まった様子を生き生きとまとめている。

POINT

あそびでのやりとりやアイデアの広がりを見て、ドキュメンテーションをまとめた後に6つの項目にチェックを入れている。

10の姿のチェック項目
- ✓ ③ 協同性
- ✓ ④ 道徳性・規範意識の芽生え
- ✓ ⑥ 思考力の芽生え
- ✓ ⑦ 自然との関わり・生命尊重
- ✓ ⑨ 言葉による伝え合い
- ✓ ⑩ 豊かな感性と表現

絵の具あそび

絵の具あそびをしました。
ジップ袋の中に絵の具を乗せた画用紙を
入れて、その上から感触を楽しみました。
保育士が準備をしている時から「何か
な？」とそわそわしていた子ども達。
いざ「やってみよう！」と置いてみると…

保育者が
用意した袋に
入った絵の具に
ドキドキ！

何これ一！冷たいー！
にゅるにゅるするー！！
と大興奮！！

手触りなど、
これまで
知らなかった
感覚に大興奮

みんな楽しくて、手だけではなく紙
の上を立って踊ってみたり、寝そべ
ってみたり、素敵な模様ができそう
です♪

最後はみんなでゴロゴロ転
がってダイナミックに遊び
はじめました。楽しみ方にも
それぞれ個性が表れます。

最終的には
体全体で
絵の具遊びを
楽しむことに！

袋の上からだけでなく、第2弾は
フィンガーペイントも取り入れて
いけたらいいなと考えています。

3歳の子どもたちの絵の具あそびの様子。それぞれの子どもがいろいろな楽しみ方をしているところがよく伝わってくるドキュメンテーション。

POINT

チェック項目を入れることで、ていねいに子どものことを見ていくようになる。次の活動への展開についても書かれている。

10の姿のチェック項目
- ✓ ① 健康な心と体
- ✓ ② 自立心
- ✓ ⑥ 思考力の芽生え
- ✓ ⑩ 豊かな感性と表現

保育ドキュメンテーションをまとめて1冊に

10の姿をチェックしたドキュメンテーションは、毎年、全てをまとめて1冊の冊子にして、振り返りなどに使えるようにしています。グループ園が全て同じフォーマットを使っていて、全園の記録が1冊になっています。年々、冊子の厚みが増しているのは、ドキュメンテーションが作られる数が増えている証拠です。

10の姿のドキュメンテーションを使った応用例

10の姿を取り入れたドキュメンテーションを応用して、園の紹介をわかりやすくまとめています。ドキュメンテーションを作ることで、子どもの姿の伝え方の意識が変化し、また、10の姿についてもふだんから意識をしているため、このような形で園紹介ができあがりました。園での子どもたちの育ちと学びがよくわかりますね！

保育ドキュメンテーション風の園紹介

自立心の項目のところには、子どもたちのやってみたい気持ちなどの文章と一緒に、ふだん撮影している遊びの様子の写真が貼られている。

異なる年齢の子どものさまざまな表情をドキュメンテーションのやり方で見せることで、園の雰囲気や様子もよく伝わる。園のことをこれから知ってもらうときにも有効な方法。

リアルタイムでキーワードをつないで作る 保育ドキュメンテーション

キーワードを線でつないで書き、そこに写真をつけていくウェブタイプのドキュメンテーション。リアルタイムで作っていくタイプで、これまで紹介しているドキュメンテーションとは異なる魅力があります。（白百合愛児園）

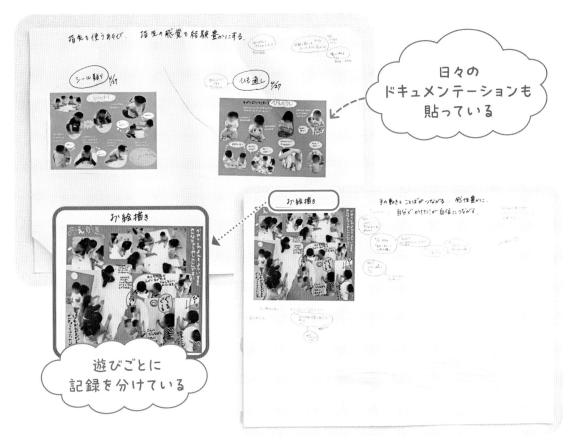

日々の
ドキュメンテーションも
貼っている

遊びごとに
記録を分けている

保育室の壁に貼って 状況を書き込む

キーワードや関連することがらがつながっていくウェブタイプのドキュメンテーションは、リアルタイムで子どもと一緒に作っていくものです。保育室の壁に貼り、保育中に子どもが言ったことや行動、興味を持ったことなど、その場で起きていることを書きこんでいきます。

事実と一緒に 気づきや計画も記入

その場で起きていることに加えて、保育者の考えていることを色分けして書いたり、子どもの行動や発言から、次の活動につながるような環境の準備や働きかけも書いていきます。

ウェブタイプの保育ドキュメンテーションでつづった 自動販売機制作の様子

　ウェブタイプのドキュメンテーションのよいところは、さまざまなできごとや子どもたちの言葉、アイデアをリアルタイムに記録できることで、次の遊びや計画につながりやすくなったり、その過程をほかの保育者と共有できたりするところです。「自動販売機を作りたい！」という子どもの発言から始まった自動販売機制作の様子を記録したウェブタイプのドキュメンテーションの例からその流れを見てみましょう。

　秋に始まった自動販売機作りは、子どもと保育者だけではなく、保護者や外部の大人も巻き込んで翌年の1月まで続きました。子どもの発言や行動から、保育者が次のステップを提案したり、必要なものを用意したり、さらに保護者に協力をしてもらったりすることでとても豊かなものになりました。その様子がドキュメンテーションからよく伝わってきます。

自動販売機作りの始まり

園庭から見える隣の敷地にある自動販売機。ジュースの補充にきて、自動販売機の構造に興味を持ったことがきっかけとなり、自動販売機作りがスタート。毎回、業者のお兄さんに声をかけていたことから仲良くなった。

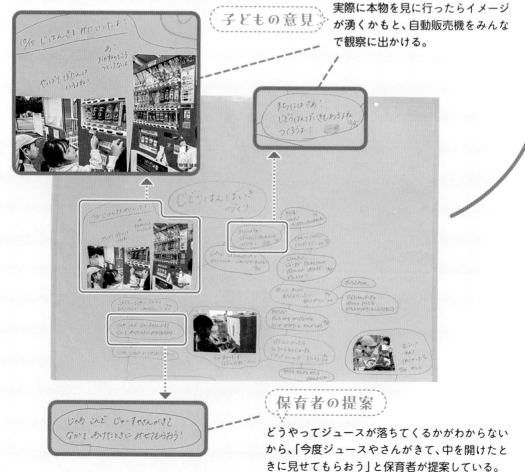

子どもの意見

実際に本物を見に行ったらイメージが湧くかもと、自動販売機をみんなで観察に出かける。

保育者の提案

どうやってジュースが落ちてくるかがわからないから、「今度ジュースやさんがきて、中を開けたときに見せてもらおう」と保育者が提案している。

段ボールの販売機が完成

「お兄さんに見せたい」という子どもの発言から、保育者が完成したものをお兄さんにも見てもらおうと提案し、後日見てもらった。

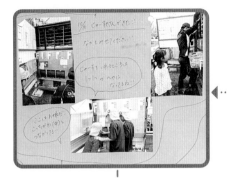

ジュースやさんのお兄さんがきて、実際に自動販売機の中を見せてもらっている様子を写真と一緒に記録。

複数の段ボールをガムテープで貼り合わせ、取り出し口をつけ、赤い紙を全体に貼って自動販売機が完成。ボタンを押すとジュースが落ちてくるという本物顔負けの仕上がりになった。

木の販売機へのチャレンジ

段ボールだとジュースの重さに耐えられないことに気づいた子どもたち。保育者が木を使って作ることを提案。

みんなで使う木の長さを測る。

保育者は設計図と木を用意する。

このあと、保護者の協力へとつながっていきました！

活かし方 3 業務の軽減・時間短縮につながる

保育のICT化とアプリで作る
保育ドキュメンテーション

　ICTとは、「Information and Communication Technology（情報通信技術）」の略称です。パソコンやタブレット、そしてインターネットを使ってコミュニケーションをスムーズにして、仕事の効率を上げたり、サービスを向上させたりする利点があります。

　保育分野にも導入されるようになり、登降の記録のような現場の業務から、保護者への連絡といったコミュニケーション支援、シフト調整などの園の運営までをまとめて管理できるようになっています。現在はさまざまなICTシステム（アプリ）が提供されています。

　ICT化し、アプリでドキュメンテーションを作る場合、決まったフォーマットに写真と文章を入れることで簡単にドキュメンテーションが完成します。さらに一括で日誌や連絡帳、週日案なども作成されるシステムもあり、業務の軽減につながります。

●●●●● 例えば、これらがまとめて管理できます！ ●●●●●

現場
- 登園や降園の時間
- 給食の管理
- 保育記録と計画　など

コミュニケーション
- 保育ドキュメンテーション
- 保護者への連絡
- 写真販売
- 園からのお知らせ　など

園の運営
- シフト調整
- 出退勤の確認
- 給料管理　など

保育ドキュメンテーションを始めることで仕事量の増加を心配する声もあります。しかし、保育ドキュメンテーション作成にICTを取り入れ、アプリを使うことで、日々の保育のほかの記録、連絡帳と連動させ作成の手順を減らしている例もあります。保育の大切なことをよりよくしながら、業務の軽減につなげることができます。

ドキュメンテーションをアプリで作るメリット

手書きでドキュメンテーションを作る場合、まとめ方のコツがつかめず、得意な人と苦手な人の差が出てしまうこともあります。

そこで↓

ICT化して
アプリを導入

写真を選んでアップロードし、決まった枠に文章を入れるというシンプルなやり方で、誰でも同じようにドキュメンテーションを完成させることができます。

作成までの手順

1 決まったところに写真を選び、タイトルを入れる

2 写真の説明などの文章を入れる

アプリのドキュメンテーションには、振り返りを入力する部分もある。

ここで紹介しているのは、CoDMONを使用した例です。そのため、別のシステムやサービスを使った場合、同じ手順で同じように作れない場合もあります。CoDMONではパソコンとタブレットでのみドキュメンテーションを作成することができます。

以前作っていた手書きのもの

以前作っていた手書きのもの。写真の配置や文章の入れ方全体のデザインなどに迷ってしまい、苦手な人ほど長く時間がかかることがあったが、アプリに変えたことで作成時間が短くなった。

◎アプリのよい点

写真を入れたり、文章を入れたりする項目が決まっていて方法がシンプル。手順通りに進めていくことで誰でも簡単に作ることができる。

使用しているアプリ CoDMON（コドモン）

コドモンとは、保育施設や教育施設向けのICTサービスです。保育者や先生の業務の省力化と保育・教育の質の向上にコドモンを使う施設が増えています。登園などの管理や保護者との連絡などのコミュニケーション、さまざまな記録、職員のシフト管理など、多くの機能があり、日々の業務をサポートしてくれます。ドキュメンテーションの作成はもちろん、日誌や連絡帳代わりに活用することもできます。

ICT化したことでドキュメンテーションが誰でも簡単に作成できるようになりました。保護者にも配信されるので、クラスだよりを廃止し、日誌や連絡帳がドキュメンテーション1つになりました。

手書きでは難しかったドキュメンテーションのハードルが下がりました。保護者のスマホに配信をするのも手間がかかりません。スマホに送った場合は、スマホ用のレイアウトになり、読みやすい形で配信されます。

スマホ用ではプリントアウトとは違い、スクロールをして読みやすいレイアウトに変換されて表示される。配信するときに、クラス全体の保護者にではなく、写真に写っている子どもの保護者だけを選択して送ることもできる。

保育ドキュメンテーションを
もっと手軽に作るヒント

コラム

ヒント❶

保育者の使いやすい
オリジナルアプリを取り入れる

既存のシステムを導入するのではなく、ドキュメンテーション作りだけにオリジナルアプリを使い、作成の負担を減らしている例もあります。手書きのよさとタブレットの使いやすい部分を融合したことで、オリジナルのレイアウトで作成ができます。

タブレットを使うことで、写真を出力して切ったり、貼ったりする時間が短縮できるようになった。ペンを使って、手書きと同じように画面上に文字を書き込むことができ、写真の配置なども自由にできる。

ヒント❷

使い慣れているスマホを使う!

パソコンよりもスマホを使うことに慣れている保育者も多いことから、スマホを使って作成している園もあります。Wi-fiの環境を整えることで、保育室やホールなど、園のどこでも作成ができて印刷もできます。

普段からスマホを活用していると小さな画面でも、バランスよく写真などを配置して作成をしている。文字は手書き風のものを選んだりすることもでき、オリジナルのデザインで作り上げられる。

園内の環境を整えて

ICTを導入したり、タブレットなどを使う場合には、園での環境の整備が必要になります。パソコンで作業をする場合は、保育室にパソコンを設置して、午睡の間などに作業ができるようにするなど、作成しやすい状態を整えましょう。また、タブレットなど、みんなで共有するものは紛失などがないように、管理する場所を決めておくといいでしょう。

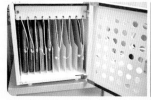

タブレットはクラスごとに色分けをして、職員室の隣の部屋にまとめて保管している。充電もできるようになっていて、いつでも取り出して使えるようになっている。本体にはナンバーがつけてあり、台数管理もきちんと行なっている。(白百合愛児園)

保育室の一角にパソコンとタブレットを1台ずつ設置している。職員室にノートパソコンを用意してあるが、保育室でも作業ができる状態になっている。(ひまわりこども園)

保育の質が向上し、園の変化を促す

保育ドキュメンテーション → 保育が変わる

1 園のまわりの地図と保育ドキュメンテーションを
紐づけて、地域への興味関心を深める

保育ドキュメンテーションを作ることで自分たちの保育を振り返ることが日常的になってくると、よりよくするにはこうしようという思いが芽生え、結果的に保育の質がアップすることにつながります。

さらに個々の意識の変化が園全体の取り組みや雰囲気を変えることにもなります。

園の周辺の地図に、散歩や保育活動で子どもたちと見つけた動物や植物、建物などの写真を貼っています。さらに、子どもたちの様子や子どもたちがどの場所で行ったことを記録したドキュメンテーションを一緒に貼り、オリジナルのマップを作っています。（あさひ第二保育園）

❶畑の写真にはさつまいも掘りドキュメンテーションを紐づけ、活動の記録としている。

❷園の田んぼのところには稲の育つ様子の写真を貼り、成長の具合によって写真を貼り替えて成長を写真で追えるように工夫している。

❸近くにいる動物や季節の植物も保育中に撮影した写真とともに紹介。

❹ふせんには一言コメントがついており、この地図全体が1枚の大きなドキュメンテーション的な役割も果たしている。

POINT

保育者と子どもたちで話をして作ったマップは、写真があることで見て楽しめ、話が広がるものになります。園の入り口の壁に貼ることで、お迎えにきた保護者と子どもの会話のきっかけにもなるマップです。

アドバイス

子どもの発見がこうしてみんなで共有できるようになっていることが素敵ですね。たくさんの対話が広がっていることがわかります。

こんなマップも

近くの林の様子をまとめたマップ。子どもたちが林の全体図を描いて、そこにいたもの、見つけたものを書き込んでいる。

上のマップと連動した写真が貼られている。子どもが虫を発見したり、植物を見つけた様子があり、後から見てもその場所のことがよく思い出される。（ひまわりこども園）

② ウェブタイプのドキュメンテーションをヒントに 保育計画を立てる

107〜109ページでウェブタイプのドキュメンテーションを紹介しました。同じ「ウェブ」という方法をヒントに、アイデアや提案を出していって、それをまとめて保育計画へと結びつけている園もあります。

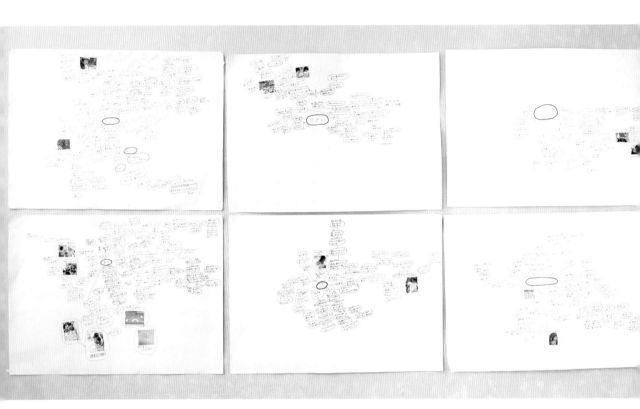

ウェブで アイデアをまとめる ＞ POINT①

保育室の壁に貼り、情報を共有する

保育室の壁に設置します。「製作」「野菜」「水遊び」「虫・生き物」などのように、テーマごとに、1枚ずつ紙を用意してそこにアイデアや気づいたことを書き込んでいきます。

ウェブで アイデアをまとめる ＞ POINT②

保育中、保育者が気が付いたことをすぐに書き込む！

保育時間中に子どもたちの様子を見て、思いついたことがあればすぐに記入します。その活動に関わっている保育者であればだれでも自由に書き込めます。

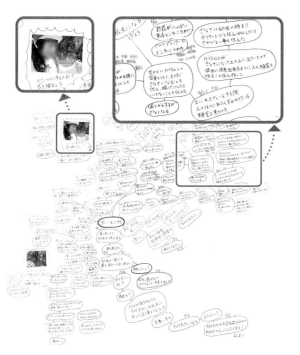

ウェブで
アイデアをまとめる

POINT③

子どもの発言や行動→
保育者が感じたことを自由に

この記録では、子どもの発言ややってみたいこと、やったことに対して、保育者がどのように関わるのか、どんな発言をしたのかを赤い文字で書き込んでいます。色を分けると後から振り返った際に分かりやすくなります。また、文字だけでなく、やったことがわかる写真を貼ることもあります。

ウェブで
アイデアをまとめる

POINT④

次の展開を予想し、
計画・準備につなげる

子どもたちの行動や発言を見て、そこから展開していきそうな遊びを予想します。次に起こりそうなことに対して道具を用意するなど、計画を立て、必要なものなどを準備していきます。子どもの興味や関心が保育計画へとつながります。

アドバイス

この例は壁に貼り、気づいた人が随時記入するようになっていますが、数人で振り返りなどをするときにも、1枚の紙を囲んでウェブの形でメモや記録をとりながら話すことからたくさんの気づきが生まれてきます。

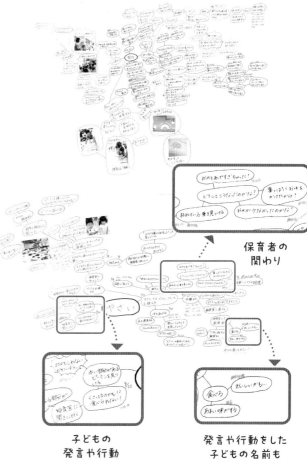

保育者の
関わり

子どもの
発言や行動

発言や行動をした
子どもの名前も
書いておく

ドキュメンテーション
↓
発展させて園で使いこなす

写真つきの記録が持つ、伝える力がわかってくると、写真や子どもたちの発言などを取り入れたお知らせや掲示を作って活用することができるようになります。その結果保育に対する取り組み方も変わり、新しいアイデアが園の中で広がっていきます。

1 廊下でおすすめ絵本を紹介

子どもたちが本を読む様子や、紹介している様子の写真とともに紹介することで、単に本を紹介するよりもとてもおもしろく、子どもの興味を引く案内になっている。

POINT

- 子どもが読んでいる写真にそのときの発言をふきだしでつけている
- 長い文章ではなく、子どもたちの言葉を読んでいくとどんな本なのかがわかる
- 短い時間でサッと読めて、印象に残る

2 ユニークなぬりえコーナー

年長の子どもたちがぬりえを自分たちで作り、園の本の置かれている場所にぬりえコーナーを設置。概要、遊び方、完成品のイメージなどを写真とともに紹介することで、年下の子どもたちも遊びやすく、保護者にも分かりやすい案内となっている。

POINT

- ぬりえの制作過程がわかる写真を順番に並べたストーリー仕立て
- ぬりえの絵を描いているところが右側に、ぬって遊んでくれている様子が左側にあり、遊び方もわかりやすい
- ピンク色でポスターのようにパッと目をひく

3 おたよりの裏面をドキュメンテーションに

園だよりや地域の乳児が集まる集いの場での活動予定のおたよりは、表と裏の2面刷りに。表は活動予定やお願いごとなどをまとめた文字中心で、裏は写真を取り入れたドキュメンテーションでまとめている。

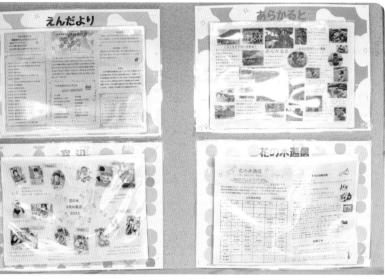

こんな広がりも

スマホを使って写真を撮り、ドキュメンテーションを作るようになると、スマホの特性を活かした園内のコミュニケーションも生まれています。保育者同士でSNSを使って、離れたところにいる保育者におもしろいエピソードを伝えるようなやりとりも増えています。

クラスによって活動が違う場合など、その場にいなかった保育者や園長先生などにとった写真を送って「こんなことがありました!」と、楽しい話題を共有する。

アドバイス

子どもの姿のワクワクをどんどん工夫し、発展させていくことで、子どもも保育者も保護者も、ワクワクが広がります。

保育ドキュメンテーション、保育現場から完成までの流れ

ここまで保育ドキュメンテーションの作り方やアイデア、活用術などを紹介してきました。それぞれ、作り方のポイントはつかめたと思いますが、ここでは1日の流れに沿って、保育ドキュメンテーションの完成までを見ていきます。

9:00頃

この日は「焼きいも大会」があるため、これを扱うことをある程度決めておく。葉っぱを拾うグループとさつまいもを包むグループの2つにわかれて焼きいもの準備を開始。準備の様子も撮影。

10:30頃

落ち葉に火をつけてさつまいもを焼き始める。焼きいもができあがるまでは子どもたちと一緒に土手にお散歩。

11:00過ぎ

お散歩から帰ってくると焼きいもが焼きあがり、子どもたちの手に。焼けたものを受け取る姿なども次々、写真におさめていく。

子どもたちの虫取りの様子や発見をたくさん撮影。焼きいも以外でもよいと思った場面は積極的に写真を撮る

子どもの目線になって写真を撮影

12:00頃

お昼ごはんの時間。クラスに戻って給食の支度をし、一緒に食べる。

子どもたちが焼きいもを食べているときもカメラを向ける。個人を撮ったり、全体を撮ったりしている

13:40頃

お昼の片づけが終わり遊びの時間に。ドキュメンテーションを作る保育者は、ほかの担任にクラスを任せて、ドキュメンテーション作りに移行。

たくさん撮った写真の中から使用写真をセレクト。

撮影した写真や今日の様子を振り返りながら、早ければ30分ほどでドキュメンテーションをまとめていく。この日は内容が多かったことからもう少し長めの時間を割いて作成。

完成したドキュメンテーションはこちら！

　この日の様子は2枚のドキュメンテーションになりました。ドキュメンテーションはできあがったら園長先生が内容を確認して掲示します。2枚では、焼きいもを作るところや、土手に遊びにいった様子がわかりやすくまとめられています。

　これらを見ると、子どもが焼きいも大会というイベントとお散歩という日常の両方で、さまざまな発見、体験をしていることが伝わってきます。

小さなことも発見し、
日々のできごとを豊かに

ドキュメンテーションを作ることで、子どもをよく見て、発言に耳を傾けられるようになると、小さなことにも目が届くようになります。日常の風景の中にも心が動かされ、そこから「もっとこうしたい」という気持ちも芽生えます。

①

> 夕焼けの空からも
> 保育が広がる

保育室の窓から夕方空を見ると、夕焼けが見えることに気づいた子どもが、「きれいな夕焼けが見える」と保育者に教えてくれた。そこで夕焼けの様子を写真に撮り、窓の横に貼ることに。

> その後、手作りの
> カメラで夕焼けを
> 撮影することに！

②

1人の子どもの発言を見える化したことで、子どもたちの興味も湧き、たくさんの子どもが窓から夕焼けを見た。そこでそのときの様子をドキュメンテーションにまとめた。

③

参考文献

『子どもたちの100の言葉—レッジョ・エミリアの幼児教育実践記録—』レッジョチルドレン、ワタリウム美術館　東日書院

『子ども理解の理論及び方法』入江礼子、小原敏郎（編著）萌文書林

『日本版保育ドキュメンテーションのすすめ』大豆生田啓友、おおえだけいこ　小学館

『「保育の質」を超えて—「評価」のオルタナティブを探る』グニラ・ダールベリ、ピーター・モス、アラン・ペンス（著）、浅井幸子（監訳）ミネルヴァ書房

『保育の場で子どもの学びをアセスメントする』マーガレット・カー（著）、大宮勇雄・鈴木佐喜子（訳）ひとなる書房

『ポートフォリオ入門—子どもの育ちを共有できるアルバム—』森眞理　小学館

『学び手はいかにアイデンティティを構築していくか—保幼小におけるアセスメント実践「学びの物語」』マーガレット・カー、ウェンディ・リー（著）大宮勇雄、塩崎美穂、鈴木佐喜子、松井剛太（監訳）ひとなる書房

『レッジョ・エミリアと対話しながら—知の紡ぎ手たちの町と学校』カルラ・リナルディ（著）、里見実（訳）ミネルヴァ書房

参考雑誌

『あそびと環境012歳』（2019年3月）Gakken

『発達』（167号）ミネルヴァ書房

『ほいくあっぷ』（2020年10月号、2021年12月号）Gakken

『保育ナビ』（2022年9月号）フレーベル館

取材協力園の紹介

社会福祉法人　後閑あさひ福祉会
あさひ第二保育園

群馬県安中市にある自園の田んぼや畑を持つ、園児数120人を越える幼保連携型認定こども園。自然の中で毎日のびのび活動をしています。スマホを使って作るドキュメンテーションを毎日発行するほか、10の姿と結びつけたドキュメテーションも作成。研究熱心な園長先生をはじめ、保育者のみなさんが楽しんでドキュメンテーションを作っています。

社会福祉法人　乳児保護協会
白百合愛児園

横浜市にある園児数200人を越える保育園。雑木林や畑に囲まれた緑豊かな環境で豊かな遊びが毎日繰り広げられています。ドキュメンテーションはホワイトボードに写真を貼り、コメントを書いたことから始まりましたが、瞬く間に広がり、ウェブタイプのドキュメンテーションを取り入れたり、園内の掲示に写真を使うなどアイデアにあふれた保育をしています。

今回取材に協力いただいた、
ドキュメンテーションを作り、活用する4園です。

日吉台光幼稚園

横浜市にある家庭的な温かい雰囲気の
幼稚園です。預かり保育利用の保護者
に、その日の保育内容を伝えるために
ドキュメンテーションを始めました。
幼稚園なので、子どもたちの降園後に
各クラスのドキュメンテーションを作
り、今では通常お迎えの保護者にも前
日の様子として毎日紹介しています。
保育者同士で写真を撮るなど連携して
ドキュメンテーションを作っています。

社会福祉法人　ぐんま福祉会
ひまわりこども園

群馬県前橋市にある幼保連携型認定こ
ども園。ドキュメンテーションを手書
きからはじめ、試行錯誤を重ねてICT
を導入しました。各クラスが毎日ド
キュメンテーションを作り、スマホア
プリで発信。スマホへの発信は保護者
から好評です。ICTを導入したことで、
保育者の負担も減り、ノンコンタクト
タイムの時間にドキュメンテーション
作りをしています。

おわりに

保育ドキュメンテーションで、子どもの姿が見えてくる！

本書にご協力くださった4つの園のドキュメンテーションから、子どもたちが、日々、さまざまなことに出会い、感じ、考えている世界を、私もワクワクしながら味わう楽しい時間を過ごしました。このように子どもの姿、そして、子どもたちと保育者が共に育ち学んでいる世界が見えてくることが、ドキュメンテーションの魅力です。

ドキュメンテーションと聞くと、つい「どのように作るのか」というhow toが気にかかり、「難しい」「時間がかかる」と思いがちです。そこで、この本はその「難しさ」をどう乗り越えるかのヒントを実践からいただくことによって、ドキュメンテーションにワクワクしながら挑戦してもらえるように願って編まれました。その結果、4つの園の実践から、ドキュメンテーションを「どのように作るのか」というhow toのヒントはもちろん、「子どもってすごい！」「保育ってこんなにおもしろい！」という世界を学ぶことができたことに心から感謝申し上げます。

ドキュメンテーションを作ることは、子どもが日々出会う、おもしろがっていることをていねいに感じとり、そのできごとについて、保育者も子どもと共に考えていくこととなります。そして、その子どもそれぞれが感じ考えていることを記録することから出発したドキュメンテーションは、子どもと保育者、さらには保護者も巻き込み、みんなの育ちと学びのプロセスの記録にもなっていきます。ぜひ、みなさんも、目の前の子どもたちの気づいている世界を共に感じ、共に見ることから、子どもたちと共にワクワクする世界の探究を始めてみてください。

岩田恵子

保育ドキュメンテーション
はじめの一歩

　本書を通して、たくさんの学びがあったと思います。

　まずは、一日の保育を通して、自分自身が子どもの姿の「この姿が大切」と感じた場面の写真を撮ってみましょう。最初は「どこをとっていいかわからない」と思っていても、だんだんとワクワクしながら撮れるようになってきます。このように、目の前の子どもの姿のワクワクを意識しながら写真を撮ることで、今まで何気なく通り過ぎていた子どもの姿が「大切！」と思えるようになってくるのです。

　これまで、写真で保護者に発信すれば、保護者に伝わると思っていた方もいらっしゃるでしょう。でも、そうではないのです。子どもがワクワクする姿を、保育者もワクワクしながら記録するから、そのワクワク感が保護者にも伝わるのです。ここでは「ワクワク」と言いましたが、言い換えれば、子どもの興味関心、人やモノとのかかわり、何かを乗り越えようとしているプロセス、遊びなどを通した学びなどのことです。それは、単に「・・・してました」でもなく、「かわいい」だけでもなく、「うちの子が載っている」かが重視されるようなものではありません。

　つまり、ドキュメンテーションは、子どもの主体性を尊重した質の高い保育を行うための手段になりえるのです。子どもがワクワクし、その子どもの姿に保育者がワクワクし、そしてそれを発信することで保護者のワクワクにつながるサイクルのものでもあります。ぜひ、みなさんの保育がこうしたワクワクのサイクルにつながることを願っています。

大豆生田啓友

著者 大豆生田啓友（おおまめうだ ひろとも）

玉川大学教育学部教授。専門は、乳幼児教育学・子育て支援など。日本保育学会理事、内閣官房（こども家庭庁準備室）「就学前のこどもの育ちに係る基本的な指針」に関する有識者懇談会委員（座長代理）などを務める。NHK・Eテレ「すくすく子育て」などにも出演し、コメンテーターとしても活躍。著書に『日本版 保育ドキュメンテーションのすすめ』（小学館）など多数。

著者 岩田恵子（いわた けいこ）

玉川大学教育学部教授。専門は、発達心理学、児童学、保育学。保育の場における子どもたちの育ち、学び、さらには、それを支える保育者の学びを、社会文化的な視点、二人称的アプローチで捉えることを試みている。著書に『「子どもがケアする世界」をケアする』ミネルヴァ書房（共著）、『教えと学びを考える 学習・発達論』玉川大学出版部（編著）など。

取材協力	あさひ第二保育園、ひまわりこども園、白百合愛児園、日吉台光幼稚園
撮影	小松正樹
デザイン	熊谷昭典（SPAIS）、佐藤ひろみ
イラスト	高村あゆみ
編集協力	井上 幸

役立つ! 活きる! 保育ドキュメンテーションの作り方

2023年2月20日発行　第1版
2023年7月25日発行　第1版　第2刷

著　者	大豆生田啓友、岩田恵子
発行者	若松和紀
発行所	株式会社 西東社
	〒113-0034　東京都文京区湯島2-3-13
	https://www.seitosha.co.jp/
	電話　03-5800-3120（代）

※本書に記載のない内容のご質問や著者等の連絡先につきましては、お答えできかねます。

ISBN　978-4-7916-3173-5